おやつ教本

坂田阿希子

東京書籍

1	おいしさの基本	おやつ作りに使う道具	4
2	おいしさの基本	おやつ作りに使う粉類	5
3	おいしさの基本	おやつ作りに使う砂糖類	6
4	おいしさの基本	ゼラチンと寒天	6
5	おいしさの基本	生クリームの泡立て	7
6	おいしさの基本	バニラのさや	7
7	おいしさの基本	フルーツの切り方	8
8	おいしさの基本	粒あんの作り方	9
9	おいしさの基本	おやつをおいしくするリキュール	10
10	おいしさの基本	型の抜き方	11

- 11 ホットケーキ 12
- 12 パンケーキ 14
- 13 クレープ 16
- 14 そば粉のクレープ 17
- 15 ミルクレープ 18
- 16 食パンのフレンチトースト 20
- 17 ブリオッシュのサバラン 21
- 18 カスタードプリン 22
- 19 プリンアラモード 24
- 20 パンプディング 25
- 21 かぼちゃのプリン 26
- 22 焼きりんご 28
- 23 スイートポテト 30
- 24 アイスボックスクッキー 2 種 32
- 25 型抜きクッキー 34
- 26 ショートブレッド 35
- 27 アメリカンリングドーナツ 36
- 28 あんドーナツ 38
- 29 黒糖ドーナツ 40
- 30 かぼちゃドーナツ 41
- 31 ふわふわディップドーナツ 42
- 32 スコーン 44
- 33 ブルーベリーマフィン 45
- 34 りんごのクランブル 46
- 35 チェリーのクラフティ 48
- 36 バナナケーキ 49
- 37 バナナオムレット 50
- 38 ロールケーキ 52
- 39 パウンドケーキ 54

＊計量単位は、1カップ＝ 200㎖、大さじ1＝ 15㎖、
　小さじ1＝ 5㎖です。
＊ガスコンロの火加減は、
　特にことわりのない場合は中火です。
＊オーブンの温度、焼き時間は目安です。
　機種によって違いがあるので加減してください。

40	りんごのコンポート	56	73	ジンジャーエール	98
41	洋なしのコンポート	57	74	クリームソーダ	99
42	みかんのコンポート	58	75	ミルクセーキ	100
43	フルーツポンチ	59	76	ミックスジュース	100
44	バニラアイスクリーム	60	77	バナナシェイク	101
45	キャラメルアイスクリーム	61	78	いちごシェイク	101
46	レモンシャーベット	62	79	レモンスカッシュ	102
47	フローズンヨーグルト	63	80	レモネード	102
48	いちごパフェ	64	81	アイスココア	103
49	チョコバナナサンデー	65	82	アイスグリーンティー	103
50	フルーツゼリー	66			
51	コーヒーゼリー	68	83	白玉あんみつ	104
52	ワインゼリー	69	84	あずきアイスキャンディー	106
53	バニラのババロア	70	85	おしるこ	106
54	いちごのババロア	72	86	クルミしるこ	107
55	チョコレートムース	74	87	宇治金時かき氷	108
56	ティラミス	76	88	氷いちご	109
57	ベイクドチーズケーキ	78	89	水ようかん	110
			90	牛乳かん	111
58	フルーツサンド	80	91	大学いも	112
59	カスタードサンド	82	92	ポテトチップス	113
60	ピーナツバター＆マーマレードサンド	82	93	串団子	114
61	シナモンシュガートースト	83	94	蒸しパン	116
62	ハニーバタートースト	83	95	どら焼き	117
63	ミックスサンド	84	96	カステラ	118
64	ピザトースト	86	97	おはぎ	120
65	コンビーフトースト	87	98	中華風ごま団子	122
66	ホットサンド	88	99	杏仁豆腐	124
67	ハムカツドッグ	89	100	マーラーカオ	125
68	ホットドッグ	90			
69	アメリカンドッグ	91			
70	ピッツァパン	92		index	126
71	カレーパン	94			
72	ピロシキ	96			

1 おいしさの基本

おやつ作りに使う道具

はかる、切る、混ぜる、泡立てる、のばす、ぬる……など
おやつを作るときに揃えておきたい道具がこちら。
そのほか、あると便利なのは、タイマー、ケーキクーラー、
ハンドミキサー、万能漉し器などです。

はかり
おやつ作りではまずは計量が大切。より正確に計量できるよう、1mg単位で表示できるものがよい。

計量カップ
200ml（1カップ）まではかれるものがあればよい。素材、形などは好みのものでOK。

ペティナイフ
フルーツやバニラのさやを切ったり……などのおやつ作りの作業では、普通の包丁より小さいペティナイフの方が手になじむ。

木ベラ
丸いボウルの中で使うことが多いので、柄が長くしっかりして、先はあまり大きくなく、丸みを帯びているものを使う。

ゴムベラ
ボウルの中など曲線で使うことが多いので、ゴムに弾力があって、先がある程度やわらかく、耐熱性があるものを。

泡立て器
粉類やバターをすり混ぜたり、生地を混ぜ合わせるときに使う。泡立て部分のふくらみが大きく持ちやすいものを。

パレットナイフ
クレープやスポンジにクリームをぬったり、表面をならしたいときに使う。長さが20〜22cmくらいはあるものを。

刷毛
シロップや卵黄をぬったり、余分な粉をはたくときに使う。

カード
丸みのある方で生地を切るように混ぜ、まっすぐな方で生地の表面をならす。スケッパーで代用してもよい。

めん棒
生地をのばすとき、クラッカーなどを砕くときに使う。長さ40〜50cmで、端から端まで同じ太さのものを。

型
種類もサイズもいろいろ。比較的よく使う型で、最低限持っていればよいものを紹介。

左から
丸型、リング型、
パウンド型

左から
クッキー型、プリン型、
ドーナツ型、流し缶

2 おいしさの基本

おやつ作りに使う粉類

おやつ作りの基本材料となるのが、まずは粉。
基本的には薄力粉と強力粉ですが、そのほか、この本では、
全粒粉、そば粉、白玉粉、上新粉なども使います。
また、ふくらませたり、とろみをつけたりする粉類も紹介。

薄力粉

ケーキやクッキーなどほとんどの生地に使う。薄力粉はグルテンが少なく、軽くふっくらと仕上がったり、サクッと仕上がるのが特徴。

強力粉

薄力粉に比べるととグルテンが多いので、イーストと一緒に使用すると、グルテンと結びつき、ふくらみがよい。パン生地に強力粉を使用するのはそのため。焼き菓子に強力粉を使うと、きめが細かくどっしりとした仕上がりに。

全粒粉

小麦の表皮、胚芽、胚乳をすべて粉にしたもので、お菓子の生地に使うと素朴な感じの仕上がりになる。クッキーやマフィンなどに加えるとザクザクとした食感が楽しめる。

そば粉

そばの実をひいたもので、独特の風味がある。クレープ生地やパンケーキ生地に入れると、薄力粉で作るクレープとはまた違うおいしさが味わえる。

白玉粉

もち米から作られた粉で、きめ細かい口当たりとモチモチとした食感が特徴。白玉団子、串団子、ごま団子などに使う。

上新粉

洗って乾かしたうるち米を粉末にしたもので、団子や草餅などの餅菓子にすると弾力が出てシコシコとした歯ごたえになる。

ベーキングパウダー

バターケーキ、パウンドケーキなどちょっと重い生地をふっくらと焼き上げるとき、粉に加えて使う。

ベーキングソーダ

ベーキングソーダ＝重曹。パンケーキ、アメリカンタイプクッキーなどは、ベーキングパウダーと併せて使うことで、表面がサクッとした感じでふくらみもよくなり、食感も軽くなる。

ドライイースト

パン生地に使用する。グルテンと結びついて粘りを出し、ふくらみがよくなる。もっちりとしたのびのある生地になるので、ベーキングパウダーとは違う、力強い食感になる。

コーンスターチ

とうもろこしのでんぷんで、片栗粉よりきめが細かく、クセがないのが特徴。生地に混ぜると軽い口当たりになるほか、クリームのとろみづけに使う。やさしいとろみがつく。

葛粉

くずの根からとったでんぷんで、水ようかん、葛餅、葛切りなどの冷たい和菓子に使う。みたらしあんのとろみづけにも使う。

3 おやつ作りに使う砂糖類

おいしさの基本

おや作りに使う砂糖は、グラニュー糖を筆頭に、
上白糖、粉糖、きび砂糖などいろいろ。
また、甘味料として、はちみつやメープルシロップを使うことも。
どんなお菓子を作るかでそのつど使い分けるようにします。

グラニュー糖
グラニュー糖は甘みがさっぱりしていて、透明感が出るのが特徴。洋菓子全般に使う。

上白糖
甘みにコクがあるので、和菓子に使うことが多い。上白糖を使うと生地全体にこってりとした感じになり、焼き上がり（焼き菓子の場合）にツヤ感が出る。

粉糖
生地にすっと溶け込むので、きめ細かく仕上がる。クッキーに粉糖を使用すればサクサクッとした食感になる。また、ケーキの仕上げ、飾りなどに使う。

きび砂糖
キャラメルのような独特の風味があるのが特徴。生地に風味とうまみを加えたいとき、シンプルな焼き菓子に風味を加えたいときなどに使う。全粒粉の生地ともよく合う。

ざらめ糖
結晶がグラニュー糖より大きく、光沢がある砂糖。この本では黄褐色をしている中ざら糖を使用。純度が高く、風味がよいのが特徴。

黒糖
豊かなコクがあり、砂糖きびの風味が強い個性的な砂糖。単に甘みをつけるためというよりも、黒糖の風味と味と色を楽しむために使うことが多い。

メープルシロップ
後味がすっきりとしているのが特徴。パンケーキやホットケーキにかけたり、焼き菓子の風味づけに使う。かぼちゃやさつまいもなどとも相性がよい。

はちみつ
メープルシロップよりも甘みが強く香りも独特。はちみつ自体の風味を楽しみたいときに使う。焼き菓子に加えると焼き上がりにツヤとしっとり感が出る。

水あめ
甘みをつけるためだけでなく、のびのある生地にしたり、乾燥を防ぐ役目もあるので、スポンジ生地に加えるとしっとりと仕上がる。カステラには必須。

4 ゼラチンと寒天

おいしさの基本

ゼリー、ババロア、水ようかん、杏仁豆腐など、
冷蔵庫でかためて作るおやつに欠かせないのがゼラチンと寒天。
作るおやつによって使い分けます。

ゼラチン
ゼラチンは動物性なので、もっちり感、プルルン感が特徴。この本では板ゼラチンを使用。板の方が計量しやすく、そのまま水に入れておけばよいので手軽。仕上がりの透明感もよい。ただし、生のフルーツと組み合わせるときは注意が必要。ゼラチンはたんぱく質なので、たんぱく質分解酵素の含まれる一部のフルーツ（パイナップル、キウイフルーツ、パパイヤなど）は、かたまらなかったり、一度かたまってから溶けてきたりするので、加熱してから使う。

寒天
寒天は植物性なので、さっぱりしていて軽いのが特徴。かたまる力が強いので、寒天ならではのかっちり感や食感は和菓子によく合う。この本では棒寒天を使用。粉寒天より風味があり、味わいがある。少し溶けにくいので、あらかじめふやかしてから使う。風味は多少落ちるが、手軽な粉寒天を使っても。

5 おいしさの基本

生クリームの泡立て

生クリームは氷水に当てながら十分に冷やして泡立てると、
キメ細かいクリームになります。ボウルは少し傾けて
泡立て器を左右に動かしながら泡立てていき、使う目的に合わせてかたさを調整。
この本では、6分立て、8分立ての2つが基本です。

6分立て

ボウルに生クリームと砂糖（主にグラニュー糖）を入れ、ボウルの底を氷水に当てながら泡立てる。とろっとしてきて、泡立て器ですくうと下に落ちた跡がすぐに消えるくらいが、6分立て。

ミルクレープ（p.18）、いちごのババロア（p.72）など

8分立て

さらに泡立て、全体にもったりとして、泡立て器ですくうと下に落ちた跡がしっかりと積もり、角がピンと立つ状態が、8分立て。泡立て器を動かした跡も残る。

クレープ（p.16）、チョコバナナサンデー（p.65）など

6 おいしさの基本

バニラのさや

バニラのさやはバニラビーンズとも言われ、バニラのさや状の果実を発酵させた乾燥品。
カスタードクリーム、プリンやベイクドチーズケーキの生地、
コンポートのシロップなどに入れて香りをつけると、ぐっとおいしく仕上がります。

ペティナイフで縦に切り目を入れる。

中に入っている黒い細かい種をしごき出し、この種だけを使う。さやは捨てずに乾かして砂糖と一緒に保存容器に入れておけば、バニラ風味の砂糖になる。

切り目を入れたら、種をしごき出さずにそのまま牛乳などに入れて温め、香りをつける。そのあとでさやはとり出す。

バニラは卵や牛乳の臭みを除いたり、甘い香りをプラスする香料。この本では「バニラのさや」のほか、「バニラエキストラクト」も使っている。バニラエキストラクトは酒類にバニラのさやを直接漬けて作った自然のもので、粉類にも液体にも使えて便利。バニラエッセンスは人工的に作られたもので、加熱すると香りが飛びやすい。

7 おいしさの基本

フルーツの切り方

おやつの中でもフルーツを使ったものは人気が高く、スペシャルなおいしさ。
ほんの少し気を使って下ごしらえをしたり、ていねいに扱うだけで、
おいしさが違ってくるから不思議。ここでは、今すぐできる簡単なテクニックを紹介。

いちご

ザルに入れてやさしくざっと洗い、水気を拭き、葉とヘタの部分を切り落とす。ヘタのかたい部分が残っていると、口当たりがよくない。

オレンジ

上下を少し切り落とし、ペティナイフで縦に皮をむく。なるべく実を削らないように、白いワタの部分を切り落とす。

実と薄皮の間にペティナイフで切り込みを入れ、実だけをとる。ほかの柑橘類も同様に。

メロン

お菓子のデコレーションやフルーツポンチに使うときなどは、くり抜き器を使っても。フルーツをくり抜き器で軽く押さえてから回すと、丸くくり抜ける。メロンのほか、すいか、パパイヤなども同様に。

パイナップル

パイナップルを縦にしてかたい芯の部分を切り落とす。

上から下へと包丁を落とし、皮をむく。

パイナップルを横にし、模様のようについている茶色いプツプツに沿って左右にV字に切り込みを入れ、とり除く。

同様にして、斜めに一列ずつ切り込みを入れてすべてとり除く。これで口当たりがよくなる。

りんご

縦半分に切り(または丸ごと)、芯の部分に芯とり器をグッと差し込む。

芯とり器をクルッと回して丸く切りとる。焼きりんごもこの方法で下ごしらえを。

キウイフルーツ

成熟してやわらかくなったキウイフルーツは丸ごとではむきにくいので、皮つきのまま輪切りにし、皮と実の間にペティナイフを入れ、キウイフルーツを回しながらむく。薄切りにしたフルーツはこの方法で。

フルーツの変色を防ぐ
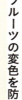 
バナナ、アボカド、パパイヤ、りんごなどの変色を防ぐには、レモン果汁をかけておくのがおすすめ。レモンのビタミンCに酸化そのものを防ぐ働きがある。塩水を使うのも有効だが、フルーツに塩気がついてしまう。

粒あんの作り方

おいしさの基本 8

和風のおやつに欠かせない粒あん。
あずきから煮れば、練り具合や甘さが調節でき、香りのよい、あっさり味に仕上がります。
砂糖はグラニュー糖を使い、すっきりとした甘さに仕上げます。

材料／作りやすい分量
あずき　500g
グラニュー糖　500g
塩　ひとつまみ

1　あずきをザルに入れて水洗いし、ボウルに移す。たっぷりの水を加え、ゴミが浮かんできたらとり除く。

2　鍋にあずきを移し、水1ℓを加えてあずきがかぶるくらいにし、中火にかける。沸騰したら差し水をし、3～4分煮る。豆のシワがピンとのびたら、ゆでこぼしてさっと水洗いする。

3　鍋にあずきを戻し、水1ℓを加え、再び中火にかけ、沸騰したら差し水をし、軽く豆が泳ぐくらいの火加減で50分～1時間煮る。

4　あずきを指でつぶしてみて、楽につぶれるくらいやわらかくなったら、ゆで上がり。

5　ボウルの上に万能漉し器をおき、さらしを敷き、4をあける。

6　さらしをかぶせ、木ベラで上から押さえて汁気を絞る。

7　6を鍋に戻し、グラニュー糖を加えて弱火にかけ、木ベラで練り混ぜながら、鍋底が少し見えるくらいまで煮つめる。

8　塩を加え、ほどよいかたさになるまで混ぜながら煮る。塩を入れると甘さが引き立つ。

9　バットに広げて完全に冷ませば、でき上がり。表面が乾燥するようなら、かたく絞ったぬれ布巾をかけておく。

おいしさの基本

おやつをおいしくするリキュール

スポンジの焼き上がりにぬったり、シロップやクリームの香りづけに使ったり……。
プラスαのおいしさを醸し出してくれるのがリキュール。
ここでは、おやつ作りに活躍する、代表的なリキュールを紹介。

コアントロー
ホワイトキュラソーのひとつ。強いオレンジの香りとまろやかな甘みがあり、無色。

バニラのババロア（p.70）など

グランマルニエ
コニャックにビターオレンジの蒸留エキスを加えて熟成させた、褐色のリキュール。

チョコレートムース（p.74）など

カルバドス
りんごが原料。フランスのノルマンディー地方で作られるものだけが名乗れる。褐色。

りんごのクランブル（p.46）など

ラム酒
さとうきびから作られる蒸留酒。この本では華やかな香りと豊かな風味のダークラムを使用。

スイートポテト（p.30）など

キルシュワッサー
さくらんぼを発酵させて作る蒸留酒。辛口で無色透明、さわやかな香り。通称、キルシュ。

チェリーのクラフティ（p.48）など

マデイラ酒
ポルトガル領マデイラ島で作られる、アルコール度数の高いワイン。独特の強い香りがある。

ティラミス（p.76）など

ブランデー（コニャック）
ブランデーは果実酒から作った蒸留酒の総称。コニャックはフランス・コニャック周辺のブランデーで、ぶどうが原料。上品な香り。

ブリオッシュのサバラン（p.21）など

10 おいしさの基本

型の抜き方

プリン、ゼリー、ババロア、牛乳かん、水ようかん……、
型を使って作る、ひんやりおやつは、最後の仕上げとなる「型抜き」が大切。
形をくずさないように、型からきれいに抜くコツを紹介。

大きい型

ボウルに湯を入れ、型の外側全体を2〜3秒浸し、そのあと器をのせてひっくり返す。

バニラのババロア（p.70）など

小さい型

水でぬらした指で表面を軽く押し、型と生地の間に空気を入れ、器を型の上にのせ、両手で器を押さえてひっくり返す。

カスタードプリン（p.22）など

流し缶

流し缶は2重底になっているので、側面部分を持ち上げると簡単に取りはずせるが、型に寒天がくっついてしまわないように、寒天液を流す前に型全体を水でぬらしておくとよい。

水ようかん（p.110）など

◎おやつと一緒に楽しむ、アイスティーの作り方

1

耐熱ポットに紅茶の茶葉（好みのもの）を入れ、熱湯を注ぐ。氷が溶けることを考慮して熱湯の量は少なめに。

2

ふたをして、そのまま3〜4分蒸らす。十分蒸らして香りを引き出す。ホットで飲むより濃くする。

3

グラスに氷をたっぷりと入れ、その上から、茶漉しを使って紅茶をゆっくりと注いでいく。

4

マドラーなどで混ぜ、紅茶と氷をなじませながら全体に冷やす。

5

氷を足す。甘みが欲しいときは、ガムシロップを入れる。
＊ガムシロップは、グラニュー糖100gと水100mlを鍋に入れて火にかけ、グラニュー糖が溶けたら火を止めて、冷やす。

ホットケーキ

生地を作ったら、冷蔵庫で1時間ほど休ませるのがポイント。
ふんわり、しっとりとした焼き上がり。
生地そのもののおいしさを楽しみます。

材料／7〜8枚分
薄力粉　200g
ベーキングパウダー　小さじ2
卵　2個
グラニュー糖　60g
塩　ひとつまみ
はちみつ　20g
牛乳　140ml
溶かしバター（食塩不使用）　30g
バター（食塩不使用）、
　　メープルシロップ　各適量

1　薄力粉、ベーキングパウダーは合わせてふるっておく。
2　ボウルに卵を割りほぐし、グラニュー糖、塩、はちみつを加えて混ぜる。牛乳、溶かしバターを加えてさらに混ぜ、**1**を加え、粉ムラがなくなるまで泡立て器で混ぜ合わせる。
3　**2**にラップをかけ、冷蔵庫で1時間ほど休ませる（写真**a**）。
4　フライパンを熱し、ぬれ布巾の上においで一度冷ます（写真**b**）。**3**の生地を玉じゃくしですくって直径15cmくらいに流し入れ（写真**c**）、弱めの中火にかける。表面にプツプツと泡が立ってきたら裏返し（写真**d**）、30秒ほど焼く。焼けたら乾いた布巾に包み、同様にして6〜7枚焼く。
5　器に3〜4枚ずつ重ねて盛り、バターをのせ、メープルシロップをかける。

a　　　b　　　c　　　d

パンケーキ

ホットケーキより甘くない軽い生地を、
薄く焼き上げます。食べ心地もライトなのが魅力。
季節のフルーツやメープルシロップと
組み合わせていただきます。

材料／10〜11枚分
薄力粉　150g
ベーキングパウダー　小さじ1
ベーキングソーダ　小さじ1
牛乳　200ml
レモン果汁　小さじ2
卵　1個
塩　ひとつまみ
グラニュー糖　大さじ1½
溶かしバター（食塩不使用）
　大さじ2
サラダ油　少々
ブルーベリー、粉糖、
　メープルシロップ　各適量

1 薄力粉、ベーキングパウダー、ベーキングソーダは合わせてふるっておく。

2 ボウルに牛乳とレモン果汁を入れ（写真**a**）、ラップをかけて冷蔵庫で20分ほど休ませ、かたまってきたら軽く混ぜる（写真**b**）。

3 ボウルに卵を割りほぐし、塩、グラニュー糖を加えて混ぜる。**2**を加えてさらに混ぜ、**1**と溶かしバターを加えて泡立て器で混ぜ合わせる。

4 **3**にラップをかけ、冷蔵庫で30分ほど休ませる。

5 フライパンを熱し、ぬれ布巾の上においていったん冷ます。フライパンにサラダ油を薄くぬり、**4**の生地を玉じゃくしですくって直径10cmくらいに流し入れ（写真**c**）、弱めの中火にかける。表面にプツプツと泡が立ってきたら裏返し、30秒ほど焼く。残りの生地も同様にして9〜10枚焼く。

6 器に5〜6枚ずつ重ねて盛り、ブルーベリーを散らし、粉糖をふり、メープルシロップをかける。

パンケーキは甘さ控えめなので、カスタードクリーム（作り方はp.18参照）をサンドしてもおいしい。

a

b

c

クレープ

卵色のやさしい味わいのクレープで
ホイップクリームとフルーツを巻いた、定番おやつ。
生地は少し休ませてから焼くと、なめらかな仕上がりに。

13

材料／直径24cmのもの15枚分
薄力粉　200g
グラニュー糖　50g
塩　ひとつまみ
卵　4個
牛乳　300ml
溶かしバター（食塩不使用）　30g
バター（食塩不使用）　適量
ホイップクリーム（作りやすい分量）
　生クリーム　200ml
　グラニュー糖　大さじ3
いちご　適量

1　ボウルに薄力粉をふるい入れ、グラニュー糖、塩を加えて泡立て器で混ぜ、真ん中を凹ませ、卵2個を割り入れる。泡立て器で粉をくずしながら混ぜ、残りの卵も加えてなめらかになるまで混ぜる。
2　**1**に牛乳を加えて混ぜ、溶かしバターを加えてさらに混ぜ、ラップをかけて冷蔵庫で1時間ほど休ませる。
3　フライパンを熱してバターを薄くぬり、**2**の生地を玉じゃくしですくって流し入れ、すぐにフライパンを回して生地を全体に広げる。生地のまわりが薄く色づいて反り返ってきたら、竹串ではがしてさっと裏返す(写真)。裏面も7〜8秒焼く。残りも同様にして焼く。
4　ホイップクリームの材料はボウルに入れ、8分立てにする（p.7参照）。
5　クレープを広げて**4**を絞り出し、いちごを食べやすく切って並べ、半分に折ってから両脇を巻く。

そば粉のクレープ

そば粉を使った、ほんのり大人味。
薄く、チリチリに焼いたアツアツのクレープに、
バターと砂糖をふってシンプルにいただきます。

材料／直径 24cm のもの 8〜9 枚分
そば粉　100 g
グラニュー糖　40 g
卵　2 個
卵黄　1 個分
牛乳　250ml
溶かしバター（食塩不使用）　15 g
バター（食塩不使用）、
　好みの砂糖（ブラウンシュガー、
　きび砂糖など）　各適量

1　ボウルにそば粉をふるい入れ、グラニュー糖を加えて泡立て器で混ぜる。真ん中を凹ませ、卵を割り入れて混ぜ、卵黄も加えてなめらかになるまで混ぜる。
2　1 に牛乳を加えて混ぜ、溶かしバターを加えてさらに混ぜる。ラップをかけ、冷蔵庫で 1 時間ほど休ませる。
3　フライパンを熱してバターを薄くぬり、2 の生地を玉じゃくしですくって流し入れ、すぐにフライパンを回して生地を全体に広げる。生地のまわりが薄く色づいて反り返ってきたら、竹串ではがしてさっと裏返し、裏面も 10 秒ほど焼く。残りも同様にして焼く。
4　3 を 4 つ折りにして器に盛り、バターをのせ、好みの砂糖をふる。

ミルクレープ

クレープ生地とカスタードクリームを交互に重ねて高さとボリュームを出し、ケーキ仕立てにします。カスタードの作り方も、ここでマスター。

材料／直径19cmのもの1台分

クレープ生地
- 薄力粉　200g
- グラニュー糖　50g
- 塩　ひとつまみ
- 卵　4個
- 牛乳　300ml
- 溶かしバター（食塩不使用）　3g

カスタードクリーム（作りやすい分量）
- 牛乳　400ml
- バニラのさや　½本
- 卵黄　4個分
- グラニュー糖　100g
- 薄力粉　40g
- バター（食塩不使用）　適量
- グランマルニエ　大さじ1

- 生クリーム　100ml
- グラニュー糖　大さじ1
- 粉糖　適量

1 クレープ生地は p.16 を参照して作り、小さめのフライパン（直径19cm）で15枚ほど焼く。

2 カスタードクリームを作る。バニラのさやは縦に切り目を入れる。鍋に牛乳とバニラのさやを入れて火にかけ、沸騰直前まで温める。バニラのさやの中から種をしごき出し、さやは除く。

3 ボウルに卵黄とグラニュー糖を入れて混ぜ、ふるった薄力粉を加えて混ぜる。**2**を少しずつ加えて混ぜ合わせ、漉して**2**の鍋に戻す（写真**a**）。

4 **3**を火にかけ、フツフツと煮立ってとろみがつくまで混ぜ（写真**b**）、なめらかになってツヤが出てきたら火から下ろす。バットに移し、バターをちぎってのせ、ラップをかけて粗熱をとる。冷めたらボウルに移し、グランマルニエを加えて混ぜる。

5 ボウルに生クリームとグラニュー糖を入れ、泡立て器で6～7分立てにする。**4**のカスタードクリームに加えて混ぜる（写真**c**）。

6 **1**のクレープを広げてカスタードクリームをぬり、これを繰り返し（写真**d**）、すべてのクレープを重ね、冷蔵庫で30分以上冷やす。

7 器に盛り、粉糖をふる。食べやすい大きさに切り分ける。

a	b	c	d

食パンのフレンチトースト

パンを卵液につけたら、3時間以上おいて
十分にしみ込ませるのがポイント。
厚切りのバゲットで作っても。

材料／食パン1枚分
食パン（約4cmの厚切り）　1枚
卵　1個
グラニュー糖　20g
塩　ひとつまみ
牛乳　120ml
バニラエキストラクト（p.7参照）
　2〜3滴
バター（食塩不使用）　10g
粉糖、メープルシロップ　各適量

1　ボウルに卵を割りほぐし、グラニュー糖、塩を加えてよく混ぜる。牛乳を加えて混ぜ、バニラエキストラクトを加えて混ぜる。
2　食パンは耳を切り落として半分に切り、バットに並べて**1**をかける（写真）。パンに**1**がしっかりとしみ込むまで、冷蔵庫に入れて3時間以上おく。
3　フライパンにバターを熱して**2**を入れ、両面がこんがりと色づくまで焼く。
4　器に盛り、粉糖をふり、メープルシロップをかける。

材料／3〜4個分
ブリオッシュ　3〜4個
シロップ
　水　80mℓ
　グラニュー糖　150g
　オレンジの皮のせん切り　½個分
　レモンの皮のせん切り　½個分
　バニラのさや　½本
　ラム酒　50〜60mℓ
　レーズン（粗く刻んだもの）　大さじ2
ホイップクリーム（作りやすい分量）
　生クリーム　200mℓ
　グラニュー糖　大さじ2
　ブランデー（好みで）　大さじ2

1　シロップを作る。バニラのさやは縦に切り目を入れておく。鍋に分量の水、グラニュー糖、オレンジの皮、レモンの皮、バニラのさやを入れて火にかけ、グラニュー糖が溶けたら火を止め、バニラのさやの中から種をしごき出す。粗熱がとれたらラム酒とレーズンを加え、ボウルに移して冷蔵庫で冷やす。

2　ブリオッシュは上部を切りとり、中身を少しくり抜く。バットに入れ、切りとった上部も空いたところに入れる。**1**のシロップをスプーンなどで回しかけ、冷蔵庫に1時間ほど入れてしっかりとしみ込ませる。

3　ホイップクリームの材料はボウルに入れ、8分立てにする（p.7参照）。

4　器にアルミカップを敷いて**2**を盛り、ブランデーをさっとかけ、ホイップクリームを絞り出す。シロップの中のオレンジの皮やレモンの皮を添え、切りとったブリオッシュの上部をのせる。

ブリオッシュのサバラン

ラム酒の効いたシロップがおいしさの決め手。
生クリームをたっぷりのせていただきます。

17

18 カスタードプリン

ていねいに作ったオーソドックスなプリンのおいしさは格別。
プリン液が温かいうちに型に流し入れ、
低温のオーブンでじっくりと蒸し焼きにします。

材料／直径6cmの　プリン型8個分
卵　3個
卵黄　2個分
グラニュー糖　100g
牛乳　500mℓ
バニラのさや　½本
カラメルソース
　グラニュー糖　70g
　水　大さじ3

1　プリン型の内側にバター（食塩不使用。分量外）を薄くぬっておく。
2　カラメルソースを作る。鍋にグラニュー糖と水大さじ1を入れて火にかけ、まわりが焦げついてきたら鍋をゆすりながらカラメル色になるまで焦がし（写真 **a**）、火を止めてすぐに水大さじ2を加えて、鍋をゆすりながらなじませる。素早くプリン型の底に流す。
3　ボウルに卵と卵黄を入れて泡立て器で軽くほぐし、グラニュー糖を加えて全体をまんべんなく混ぜる。
4　バニラのさやは縦に切り目を入れる。鍋に牛乳とバニラのさやを入れて強火にかけ、沸騰直前で火を止める。バニラのさやの中から種をしごき出し、さやは除く。
5　3に4を少しずつ加えて卵がかたまらないように泡立て器でよく混ぜ、漉し器で漉す。表面の泡をとり除き、プリン型に流し入れる（写真 **b**）。
6　5をバットに並べて天パンにのせ、型の⅓の高さまでバットに熱湯を注ぐ（写真 **c**）。140℃のオーブンで40〜50分蒸し焼きにし、粗熱がとれたら、冷蔵庫に入れて冷やす。
7　プリンの表面を水でぬらした指で軽く押し、型と生地の間に空気を入れる。器を型の上にのせ、両手で器を押さえてひっくり返し、型からはずす。

a　b　c

プリンアラモード

カスタードプリンにフルーツやアイスクリーム、ホイップクリームでデコレーションをした、ちょっと贅沢なおやつ。

材料／2人分
カスタードプリン（p.22参照）
　2個
バニラアイスクリーム（p.60参照）
　適量
いちご　3～4個
メロン、バナナ　各適量
オレンジ　1/8個
さくらんぼ（缶詰）　2個
ホイップクリーム（作りやすい分量）
　生クリーム　100mℓ
　グラニュー糖　大さじ1

1　ホイップクリームの材料はボウルに入れ、8分立てにする(p.7参照)。

2　いちごはヘタをとって縦半分に切る。メロンは食べやすい大きさに切り、バナナは皮ごと斜め切りにする。オレンジは薄切りにし、皮の部分を少しむく。

3　器にカスタードプリンとバニラアイスクリームを盛り、**2**のフルーツとさくらんぼを飾り、ホイップクリームを絞り出す。

パンプディング

カリッと焼いたバゲットと卵液を大きめの耐熱容器に入れて
オーブンで焼き上げます。
好きなだけ取り分けていただきます。

材料／作りやすい分量
バゲット　½本
バター（食塩不使用）　適量
卵　2個
卵黄　2個分
グラニュー糖　70g
牛乳　300㎖
生クリーム　30㎖
バニラエキストラクト　少々
レーズン　大さじ1
粉糖　適量

1　バゲットは1cm厚さの斜め切りにし、バターをぬってオーブントースターでこんがりと焼く。
2　ボウルに卵を割り入れ、卵黄を加えてほぐし、グラニュー糖を加えて混ぜる。牛乳、生クリーム、バニラエキストラクトを加えてさらに混ぜ合わせる。
3　耐熱容器の内側にバター（食塩不使用。分量外）をぬって1を並べ、2を流し入れ、レーズンを散らす。
4　3をバットにのせ、容器の⅓の高さまでバットに熱湯を注ぐ。160℃のオーブンで20〜30分蒸し焼きにし、冷めたら粉糖をふる。

かぼちゃのプリン

ホクホクに蒸した甘いかぼちゃを使った、
コクがあってしっとりとした味のプリンです。
大きな型で作り、ケーキのように切り分けます。

材料／直径18cmの丸型1台分
かぼちゃ　300g（正味）
カラメルソース
　グラニュー糖　70g
　水　大さじ3
牛乳　300ml
バニラのさや　1本
卵　4個
グラニュー糖　100g
生クリーム　100ml

1　かぼちゃは種とワタをとり除き、皮をむいてひと口大に切る。蒸気の上がった蒸し器でやわらかくなるまで蒸し、熱いうちに裏漉す（写真**a**）。

2　型の内側にバター（食塩不使用。分量外）を薄くぬっておく。

3　カラメルソースを作る。鍋にグラニュー糖と水大さじ1を入れて火にかけ、まわりが焦げついてきたら鍋をゆすりながらカラメル色になるまで焦がし、火を止めてすぐに水大さじ2を加えて、鍋をゆすりながらなじませる。素早く型の底に流し入れる。

4　バニラのさやは縦に切り目を入れる。鍋に牛乳とバニラのさやを入れて火にかけ、沸騰直前で火を止める。バニラのさやの中から種をしごき出し、さやは除く。

5　ボウルに卵を割り入れて泡立て器で軽くほぐし、グラニュー糖を加えてさらに混ぜ、**4**を漉しながら加え、よく混ぜる。

6　**1**に**5**を少しずつ加えながら混ぜ（写真**b**、**c**）、いったん漉し、生クリームを加えて混ぜる。表面の泡をとり除く。

7　**3**の型をバットにのせ、**6**を流し入れ（写真**d**）、型の1/3の高さまでバットに熱湯を注ぐ。天パンにバットごとのせ、160℃のオーブンで50分〜1時間蒸し焼きにする。粗熱がとれたら、冷蔵庫に入れて冷やす。

8　型からはずして器に盛る。

好みでホイップクリームを添えても。

a

b

c

d

焼きりんご

紅玉の季節にぜひ作りたい、真っ赤なりんごのおやつ。
バター、きび砂糖、レーズン、クルミ、シナモン……と
フィリングに厚みをもたせた、おいしさ坂田流です。

バニラアイスクリームを
添えてもおいしい。

材料／4個分

りんご（紅玉）　4個
バター（食塩不使用）　50g
クルミ（刻んだもの）　30g
きび砂糖　50g
レーズン　40g
シナモンパウダー　小さじ½
白ワイン　適量

1　バターは室温に戻す。クルミは刻む。
2　ボウルに**1**のバター、きび砂糖を入れてすり混ぜ、**1**のクルミ、レーズン、シナモンパウダーを加えてさらに混ぜる（写真**a**）。
3　りんごはよく洗い、底に穴をあけないようにして芯をくりぬき、穴の中に**2**を詰める（写真**b**）。
4　アルミホイルを2重にして**3**の下半分を包み、天パンに並べる。それぞれのりんごに白ワインを小さじ2くらいずつふりかける。天パン全体に行き渡るくらい（約2カップ）の熱湯を注ぎ（写真**c**）、180℃のオーブンで40分ほど蒸し焼きにする（写真**d**）。
5　温かいうちに器に盛る。

a
b
c
d

スイートポテト

生クリームやラム酒を加えた、リッチテイスト。
焼きたてアツアツはもちろん。冷めてもおいしいのが魅力。
皮を器代わりにするので、
小〜中サイズの形のよいものを選びます。

材料／8〜10個分
さつまいも（こってりとして甘みの強い粘りのあるもの）
　小〜中サイズ4〜5本
グラニュー糖　60〜80g
卵黄　2個分
牛乳　大さじ2
生クリーム　大さじ1
ラム酒　小さじ2
バター（食塩不使用）　50g

ツヤ出し用
　卵黄　1個分
　グラニュー糖　ひとつまみ
　水　小さじ1

1　さつまいもは皮つきのまま洗い、天パンに並べ、190℃のオーブンで1時間〜1時間20分、竹串を刺して簡単にスーッと通るくらいまで焼く。

2　**1**を熱いうちに縦半分に切り、皮を破らないようにスプーンで中身をくり抜き（写真**a**）、中身をマッシャーやすりこ木でつぶす。

3　鍋に**2**の中身を入れ、グラニュー糖を加えて甘さを調節する。火にかけて混ぜ、グラニュー糖が溶けて少しやわらかくなったら、練り混ぜる。

4　**3**に卵黄を1個ずつ加えて混ぜ（写真**b**）、牛乳、生クリーム、ラム酒を加えてさらに混ぜ、バターを加えてバターが溶けるまでよく混ぜる。

5　**1**の皮に**4**をたっぷりと詰め、ナイフで山形に整える（写真**c**）。

6　ツヤ出し用の材料をボウルに入れて混ぜ、**5**に刷毛でたっぷりとぬり、天パンに並べる。190℃のオーブンでおいしそうな焼き色がつくまで15分ほど焼く。

スイートポテトにバニラアイスクリームをのせ、シナモンパウダーをふって食べても。

a

b

c

24 アイスボックスクッキー2種

生地をまとめて棒状にし、それを1cm幅に切って
オーブンで焼き上げるタイプのクッキーです。
バニラ風味とココア風味、
どちらも飽きないおいしさです。

材料／各35〜40枚分

バニラ風味
　バター（食塩不使用）　150 g
　薄力粉　220 g
　粉糖　90 g
　卵黄　1個分
　バニラエキストラクト　3〜4滴
　グラニュー糖　適量

ココア風味
　バター（食塩不使用）　150 g
　薄力粉　200 g
　ココアパウダー　20 g
　粉糖　90 g
　卵黄　1個分
　アーモンドスライス　70 g

1　バニラ風味を作る。バターは室温に戻す。薄力粉はふるっておく。

2　ボウルにバターを入れてクリーム状になるまで練り、粉糖を加えて混ぜ（写真**a**）、卵黄、バニラエキストラクトを加えてさらに混ぜる。薄力粉を加え、ひとまとまりになるまで混ぜる（写真**b**）。

3　台に打ち粉（分量外）をして**2**をおき、転がしながら棒状にのばし（写真**c**）、オーブンシートで包む（写真**d**）。冷蔵庫で1〜2時間休ませる。

4　**3**をオーブンシートから出し、刷毛で水をぬり、転がしながらグラニュー糖をまぶしつけ（写真**e**）、1cm幅に切る。

5　天パンに並べ、180℃のオーブンで10〜15分焼く。網などにのせて粗熱をとる。

6　ココア風味を作る。薄力粉とココアパウダーは合わせてふるっておく。バニラ風味と同様に生地を作り、最後にアーモンドスライスを混ぜる。グラニュー糖はまぶさないで焼き上げ、網などにのせて粗熱をとる（写真**f**）。

型抜きクッキー

生地を3〜4mm厚さにのばし、型で抜いて焼き上げるタイプ。
砂糖はきび砂糖を使うと風味が立ち、コクのある味わいに。

材料／30〜35枚分
バター（食塩不使用）　100g
薄力粉　200g
きび砂糖　90g
塩　ひとつまみ
バニラエキストラクト　3〜4滴
卵黄　1個分
ツヤ出し用
　卵黄　1個分
　グラニュー糖　ひとつまみ
　水　小さじ1

1 バターは室温に戻す。薄力粉はふるっておく。

2 ボウルにバターを入れて泡立て器でクリーム状になるまで混ぜ、きび砂糖を2〜3回に分けながら加え、空気を含ませるようにふんわりと白っぽくなるまですり混ぜる。塩、バニラエキストラクトを加えて混ぜ合わせる。

3 2に卵黄と水小さじ½を加えて混ぜ、薄力粉を加え、ゴムベラなどでさっくりと混ぜる。この状態ではまだポロポロとしているので、手で生地を手早くひとまとめにする。

4 打ち粉（分量外）をふった台におき、めん棒で2cmほどの厚さにのばし、ラップに包んで冷蔵庫で2時間以上休ませる。

5 4を打ち粉をふった台におき、3〜4mm厚さにのばす。好みの型で抜き、オーブンシートを敷いた天パンに並べる。

6 ツヤ出し用の材料をボウルに入れて混ぜ、5の表面に刷毛でぬり、180℃のオーブンで10〜15分焼く。

ショートブレッド

さっくり、ほろっとした食感が人気の、素朴な味わいのクッキー。
上新粉を入れるのがポイント。型がなくても作れるから手軽。

材料／8枚分
バター（食塩不使用）　100 g
薄力粉　150 g
上新粉　20 g
粉糖　50 g
塩　小さじ¼

1　バターは室温に戻す。薄力粉、上新粉は合わせてふるっておく。
2　ボウルにバターを入れて練り混ぜ、粉糖、塩を加えて泡立て器で白っぽくなるまですり混ぜる。ふるっておいた1を加え、ゴムベラで粉っぽさがなくなるまで混ぜる。
3　ひとまとめにしてラップで包み、冷蔵庫で1時間ほど休ませる。
4　3をめん棒でたたいてある程度のばしてから、打ち粉（分量外）をした台におき、めん棒で直径18cmほどに丸くのばす。オーブンシートを生地の下に敷き込み、生地の縁をフォークで押さえて筋目をつける。ナイフで放射状に8等分の筋目をつけ、フォークで全体に穴をあける（写真）。
5　4を天パンにのせ、160℃のオーブンで20〜25分焼く。焼き上がったら、熱いうちに包丁で筋目に沿って切り分ける。

アメリカンリングドーナツ

ベーキングパウダーでふくらます、簡単に作れる生地の
ドーナツ。さっくりとした食感が人気。
揚げ油は新しいものを使うと
軽く仕上がって風味もよく揚がります。

材料／7～8個分
ドーナツ生地
　バター（食塩不使用）　30 g
　薄力粉　250 g
　ベーキングパウダー　8 g
　塩　2 g
　グラニュー糖　80 g
　バニラエキストラクト　3～4滴
　卵　1個
　牛乳　大さじ1½
揚げ油　適量

1　ドーナツ生地を作る。バターは室温に戻す。薄力粉とベーキングパウダーは合わせてふるっておく。卵は割りほぐす。

2　ボウルにバター、塩、グラニュー糖40 gを入れて白っぽくなるまですり混ぜ、バニラエキストラクトを加え、**1**の卵を少しずつ加えて混ぜる。残りのグラニュー糖を加えてさらに混ぜる。

3　**1**の薄力粉とベーキングパウダーを加えてゴムベラなどで混ぜ、牛乳を加え（写真**a**）、さらに混ぜながらひとまとめにする。ラップで包み、冷蔵庫で1時間以上休ませる。

4　**3**を打ち粉（分量外）をした台におき、めん棒で2 cmほどの厚さにのばし、ドーナツ型（または大きな丸型と小さな丸型を組み合わせる）で抜く（写真**b**）。

5　揚げ油を170℃に熱して**4**を入れ、4～5分かけてゆっくりときつね色になるまで揚げる。穴に箸を入れて回しながら揚げるときれいな形になる（写真**c**）。抜いて残った真ん中の生地も揚げる。網などにのせて油をきる。

a

b

c

あんドーナツ

アメリカンリングドーナツの生地で作った、
ちょっぴり懐かしい味わいのドーナツレシピ。
ここではこしあん使いましたが、粒あん(p.9参照)でもOK。
あんを包んだら、しっかりと閉じるのがポイントです。

材料／7～8個分

ドーナツ生地
　バター(食塩不使用)　30g
　薄力粉　250g
　ベーキングパウダー　8g
　塩　2g
　グラニュー糖　80g
　バニラエキストラクト　少々
　卵　1個
　牛乳　大さじ1½
こしあん(市販)　200g
揚げ油　適量
グラニュー糖、上白糖　各適量

1　こしあんは20gずつに丸める。
2　ドーナツ生地はp.36を参照して作り、7～8等分にして丸める。打ち粉(分量外)をした台にのせ、めん棒で直径10cm程度にのばす。
3　2の生地の真ん中に1のこしあんをのせ、こしあんを包むようにして生地を寄せ(写真a)、閉じ目をしっかりと閉じる(写真b)。これを7～8個作る。
4　揚げ油を170℃に熱して3を入れ、きつね色になるまで揚げる。網などにのせて油をきる。
5　バットにグラニュー糖と上白糖を入れて混ぜ、4を入れて全体にまぶす(写真c)。

a　　　　　b　　　　　c

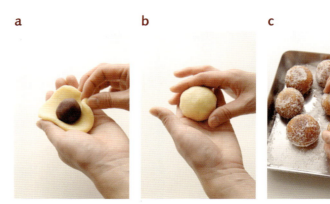

黒糖ドーナツ

黒糖を使うと、コクがあるのにすっきりとした甘さ。
シンプルで素朴な味わいも魅力です。

材料／約10個分
薄力粉　125g
ベーキングパウダー　3g
卵　1個
黒糖（粉末）　75g
サラダ油　大さじ½
揚げ油　適量

1　薄力粉とベーキングパウダーは合わせてふるっておく。
2　ボウルに卵を割りほぐし、黒糖を加えて混ぜ、サラダ油、**1**を加えて混ぜ合わせる。
3　揚げ油を170℃に熱し、手に水をつけて**2**の生地をピンポン玉程度の大きさに丸めながら落としていく。箸で転がしながら、全体においしそうな色がつくまで揚げる。網などにのせて油をきる。

かぼちゃドーナツ

表面はサクッ、中はふんわり。かぼちゃの色が目にも鮮やか。
生地にきび砂糖とメープルシロップを入れるのが特徴です。

材料／8〜10個分
かぼちゃ（正味）　100g
薄力粉　180g
ベーキングパウダー　小さじ2
塩　ひとつまみ
卵　1個
きび砂糖　50g
メープルシロップ　大さじ1
牛乳　大さじ2
溶かしバター（食塩不使用）　20g
シナモンパウダー　小さじ1/3
揚げ油　適量
シナモンシュガー
　グラニュー糖　大さじ2
　シナモンパウダー　小さじ1/2

1　薄力粉、ベーキングパウダー、塩は合わせてふるっておく。
2　かぼちゃは皮をむいて種をとり、ひと口大に切り、蒸気の上がった蒸し器でやわらかくなるまで蒸し、マッシャーなどでつぶす。
3　ボウルに卵を割りほぐし、きび砂糖、メープルシロップ、牛乳、溶かしバター、シナモンパウダーを加えて混ぜ、**2**を加えてさらに混ぜる（写真）。**1**を加えて混ぜ合わせ、ひとまとめにし、ラップをかけて冷蔵庫で30分ほど休ませる。
4　**3**を打ち粉（分量外）をした台におき、めん棒で1cmほどの厚さにのばし、包丁で好みの大きさに切り分ける。
5　揚げ油を170℃に熱して**4**を入れ、きつね色になるまで揚げる。網などにのせて油をきる。
6　シナモンシュガーの材料を混ぜ合わせ、**5**にまぶす。

31 ふわふわディップドーナツ

イースト発酵のパン生地で作るドーナツは、ふわふわ。
ひと口頬張ると幸せな気分になるほど、やさしい味わい。
オレンジのアイシングをかけて仕上げます。

材料／5～6個分
ドライイースト　5g
イースト予備発酵用
　ぬるま湯　大さじ2
　上白糖　少々
強力粉　300g
グラニュー糖　30g
塩　5g
卵黄　2個分
牛乳（冷たいもの）　170ml
バター（食塩不使用、冷やしたもの）
　60g
揚げ油　適量
オレンジアイシング
　粉糖　200g
　オレンジ果汁　大さじ3～4
　オレンジの皮のすりおろし
　　1個分

1　小容器にドライイースト、イースト予備発酵用のぬるま湯、上白糖を入れて混ぜ、プツプツと気泡が出てくるまで暖かいところに10～15分おく。

2　ボウルに強力粉、グラニュー糖、塩を入れ、泡立て器で混ぜ合わせる。

3　別のボウルに卵黄を入れて溶きほぐし、牛乳を加えて混ぜる。

4　2の真ん中を凹ませ、1を加え、3を少しずつ入れながら混ぜ合わせる（写真a）。ひとまとめにして台に移し、台にたたきつけながらこね、生地がまとまってきたら、ツヤが出てなめらかになるまでさらに5～6分こねる。

5　バターを小さく切り、つぶしながら少しやわらかくし、4の生地を少し広げて上にのせる。生地を折りたたみながら、バターを生地に練り込む（写真b、c）。最初はベタベタするが、かまわずに練り込み、生地をのばしてみて薄くスーッとのびるようになったら、丸めてボウルに入れてラップをかけ（写真d）、暖かいところで1時間ほど発酵させる。

6　5をこぶしでたたいてガス抜きをし、打ち粉（分量外）をした台に移す。めん棒で2cm厚さにのばし、直径7cmの丸型と直径2～3cmの丸型でリング形になるように抜く。打ち粉（分量外）をしたバットに並べ、霧吹きをし、ぬれ布巾をかぶせて15分ほど休ませる（写真e）。

7　揚げ油を170℃に熱して6を入れ、きつね色になるまで揚げ、網にのせて油をきる。

8　ボウルにオレンジアイシングの材料を入れて混ぜ合わせ、7の片面にたっぷりとつけ（写真f）、つけた面を上にして網にのせて乾かす。

スコーン

イギリスのお茶の時間に欠かせない、ソフトビスケット。
ショートニングを加えると、サックリと焼き上がります。
焼きたてアツアツがおいしい！

32

材料／5〜6個分
薄力粉　200g
ベーキングパウダー　小さじ2
グラニュー糖　25g
塩　ひとつまみ
バター（食塩不使用。冷やしたもの）
　30g
ショートニング　20g
溶き卵　1個分
牛乳　70㎖
クロテッドクリーム、
　好みのジャム　各適量

1 薄力粉、ベーキングパウダー、グラニュー糖、塩は合わせてふるってボウルに入れる。
2 バターを小さなサイコロ状に切って**1**に加え、ショートニングも加えて、カードでバターをつぶしながら手早く混ぜる。ある程度混ざったら、手でバターをつぶすようにしながらさらに混ぜる。
3 全体的に粉が黄色っぽくなり、サラサラに混ざったら（写真）、溶き卵と牛乳を混ぜ合わせて加え、手早く混ぜてひとまとめにする。
4 **3**を打ち粉（分量外）をした台に移し、めん棒で2㎝ほどの厚さにのばして半分に折りたたむ。さらにもう一度2㎝ほどの厚さにのばして折りたたみ、最後に3㎝ほどの厚さにのばす。
5 **4**を直径6㎝の丸型で抜き、オーブンシートを敷いた天パンに並べ、200℃のオーブンで10〜15分焼く。器に盛り、クロテッドクリームと好みのジャムを添える。

ブルーベリーマフィン

ブルーベリーを混ぜ込んだ、アメリカンスタイルのマフィン。
ベーキングソーダとヨーグルトを入れるのが特徴です。

材料／直径6cmのマフィン型　6個分

バター（食塩不使用）　50g
薄力粉　80g
全粒粉　20g
ベーキングパウダー　小さじ1/2
ベーキングソーダ　小さじ1/4
塩　ひとつまみ
きび砂糖　70g
溶き卵　1個分
サワークリーム　大さじ3
ブルーベリー　100g
きび砂糖　適量

1 バターは室温に戻す。薄力粉、全粒粉、ベーキングパウダー、ベーキングソーダ、塩は合わせてふるっておく。

2 ボウルにバターを入れ、泡立て器でクリーム状になるまで混ぜ、きび砂糖を加えてふんわりするまですり混ぜる。溶き卵を少しずつ加えて混ぜ、サワークリームの半量を加えてさらに混ぜる。

3 1のふるっておいた粉類の半量を加えて混ぜ、残りのサワークリームを加えて混ぜ、最後に残りの粉類を加えて混ぜる。ブルーベリーを加えてさっくりと混ぜ合わせる。

4 マフィン型に紙を敷き、3の生地を8分目まで入れる。天バンに並べ、上にきび砂糖をふり、170℃のオーブンで20分ほど焼く。

りんごのクランブル

クランブルとは粉とバターと砂糖を
ポロポロのそぼろ状にしたもの。
やわらかく煮たりんごとの組み合わせが絶妙です。
りんごは白ワイン風味のシロップで煮ておくのがポイント。

材料／4〜5人分
りんご（紅玉など酸味の強いもの）
　2〜3個
バター（食塩不使用）　大さじ2
白ワイン　1/4カップ
グラニュー糖　大さじ2
レモン果汁　大さじ1
カルバドス　小さじ1
シナモンパウダー　小さじ1
クランブル
　バター（食塩不使用。冷やしたもの）
　　80g
　きび砂糖　80g
　小麦粉　50g
　シナモンパウダー　小さじ1
　アーモンドパウダー　50g
クルミ（ローストして刻んだもの）　30g
バニラアイスクリーム（p.60参照）
　適量

1　りんごは皮つきのまま芯をとり、くし形に切る。
2　フライパンにバターを熱して**1**を入れて炒め、しんなりとしてきたら白ワイン、水1/4カップ、グラニュー糖、レモン果汁を加え、りんごが透明になるまで煮て火を止める（写真**a**）。カルバドスとシナモンパウダーを加えて香りをつける。
3　クランブルを作る。バターは小さく切ってボウルに入れ、きび砂糖、小麦粉、シナモンパウダー、アーモンドパウダーを加え、そぼろ状になるまで手でよく混ぜる（写真**b**）。
4　耐熱容器に**2**のりんごを入れ、クランブルにクルミを混ぜて上からかけ（写真**c**）、200℃のオーブンで20分ほど焼く。
5　器にとり分け、バニラアイスクリームを添える。

a

b

c

チェリーのクラフティ

クラフティは、フルーツにクリームソースをかけて焼いたお菓子。ここでは缶詰のダークチェリーを使いましたが、さくらんぼ、いちご、りんごなどで作っても。

材料／22×16cmの耐熱容器1台分
薄力粉　30g
サワークリーム　30g
卵黄　2個分
卵　2個
グラニュー糖　50g
生クリーム　150mℓ
牛乳　100mℓ
バニラエキストラクト　少々
溶かしバター（食塩不使用）　15g
ダークチェリー（缶詰）　100g
キルシュ　大さじ1
粉糖　適量

1　薄力粉はふるっておく。
2　ボウルにサワークリームを入れ、卵黄を1個ずつ加えながら泡立て器でよく混ぜる。卵を割り入れ、グラニュー糖を加えて、さらによくすり混ぜる。
3　2に薄力粉を加えて混ぜ、生クリーム、牛乳、バニラエキストラクト、溶かしバターを加えて混ぜ合わせる。
4　ダークチェリーは缶汁をしっかりと拭きとり、キルシュをふる。
5　耐熱容器の内側にバター（分量外）を薄くぬり、グラニュー糖（分量外）をふり、4を入れる。3の生地を流し入れ（写真a）、180℃のオーブンで30分ほど焼く。冷ましてから粉糖をふる。

a

材料／20×15×2.5cmのバット
　1台分

バナナ　2本
バター（食塩不使用）　80g
薄力粉　90g
ベーキングパウダー　小さじ½
きび砂糖　60g
溶き卵　2個分
ラム酒　大さじ1
グラニュー糖　大さじ1

バナナケーキ

バナナの甘みたっぷりの、素朴な味のおやつ。
ここではバットに流し入れて焼き上げ、
好きな大きさに切り分けます。

36

1　バターは室温に戻す。薄力粉とベーキングパウダーは合わせてふるっておく。バナナ1本はフォークなどでつぶし（写真**a**）、もう1本は1cm幅の輪切りにする。
2　ボウルにバターを入れて泡立て器でクリーム状になるまで混ぜ、きび砂糖を加えてふんわりとするまでさらに混ぜ、溶き卵を少しずつ加えて混ぜる。分離しそうになったら、薄力粉（分量外）を少し加えるとよい。
3　**1**のふるっておいた粉類を**2**に加えて混ぜ、つぶしたバナナとラム酒を加えて混ぜ合わせる。
4　オーブンシートを敷いたバットに**3**を流し入れ、輪切りにしたバナナを並べ、グラニュー糖をふる。170℃のオーブンで25～30分焼く。
5　好きな大きさに切り分ける。

a

バナナオムレット

ちょっぴり懐かしい味わいの、人気のおやつ。
バナナを包むスポンジケーキは、
基本のスポンジ生地を小さめに焼き上げ、
薄切りにして使います。

材料／4個分
スポンジ生地
　薄力粉　60ｇ
　卵　3個
　グラニュー糖　50ｇ
　牛乳　15㎖
　バター（食塩不使用）　5ｇ
ホイップクリーム
　生クリーム　200㎖
　グラニュー糖　大さじ2
ラム酒　小さじ1
バナナ　4本

1　スポンジ生地を作る。薄力粉はふるっておく。

2　ボウルに卵を割りほぐし、グラニュー糖を加えて泡立て器で混ぜる。湯せんにかけて（または直火にかけて）白くもったりとするまで泡立てる（写真 **a**）。泡立て器を持ち上げたときに線が描けるくらいまで泡立てるとよい。

3　**2** に薄力粉を加え、ゴムベラで一気に混ぜる。粉を下から持ち上げるような感じで、粉ムラがなくなるまで混ぜる。

4　耐熱容器に牛乳とバターを入れ、湯せんにかけて温めてバターを溶かす。ゴムベラを伝わせながら **3** に加え（写真 **b**）、ムラがなくなるまで混ぜる。

5　直径15cmの型にオーブンシートを敷き、**4** の生地を流し入れ、180℃のオーブンで15〜18分焼く。焼き上がったらすぐに型からはずし、ケーキクーラーの上で冷ます。

6　ホイップクリームの材料はボウルに入れ、8分立てにし(p.7参照)、ラム酒を混ぜる。

7　**5** のスポンジは1cmくらいの厚さに切り分ける（写真 **c**）。バナナは皮をむき、両端を切り落としてスポンジに合わせた長さに切る。

8　スポンジの真ん中にホイップクリームをたっぷりとぬり、バナナを1本おき、バナナの上にもホイップクリームをのせる。スポンジの両側を折りたたみ、オムレツの形に整える。

a
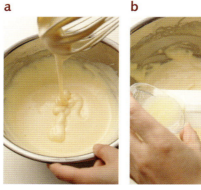

b

c

38 ロールケーキ

基本のスポンジ生地を天パンで焼き、
プレーンなホイップクリームと組み合わせた
ロールケーキのスタンダードです。

材料／1本分
スポンジ生地
　薄力粉　60g
　卵　3個
　グラニュー糖　50g
　牛乳　15ml
　バター　5g
ホイップクリーム
　生クリーム　200ml
　グラニュー糖　大さじ2½
　ラム酒　小さじ2
　粉糖　適量

1　スポンジ生地はp.50を参照して作る。
2　オーブンシートを敷いた天パン（28×28cm）に**1**の生地を流し入れ（写真**a**）、カードなどで表面を平らにし（写真**b**）、200℃のオーブンで10分焼く。できれば天パンは2枚重ねるとよい。
3　**2**が焼き上がったら天パンからとり出し、乾燥しないように大きめのビニール袋に入れて冷ます（写真**c**）。
4　ホイップクリームの材料はボウルに入れ、8分立てにし(p.7参照)、ラム酒を混ぜる。
5　**3**を台の上にとり出し、**4**をぬり、包丁で手前に3本ほど筋目を入れる。手前からクルッとオーブンシートを持ち上げながら巻き（写真**d**）、巻き終わったら横のシートを中に折り込み、ラップで包んで冷蔵庫で1時間ほど休ませる（写真**e**）。
6　ラップとオーブンシートをとって器に盛り、粉糖をふる。

a　　b　　c　　d　　e

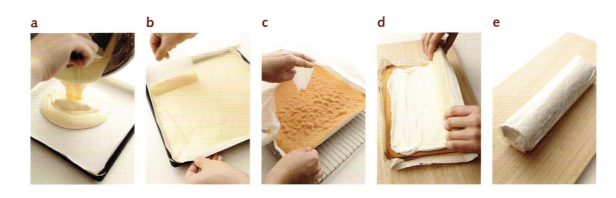

パウンドケーキ

もっともシンプルな基本のパウンドケーキ。
レモンの皮をすりおろして加えるのがポイント。
レモンのアロマがほんのり香る、飽きのこないレシピです。

材料／18×8×6cmのパウンド型 1台分

バター（食塩不使用）　120g
薄力粉　120g
ベーキングパウダー　小さじ½
グラニュー糖　100g
卵　2個
レモンの皮のすりおろし　1個分

1　パウンド型の内側にバター（分量外）を薄くぬり、型に合わせて切ったオーブンシートを敷き込む。バターは室温に戻す。薄力粉とベーキングパウダーは合わせてふるっておく。

2　ボウルに1のバターを入れて泡立て器で軽く混ぜ、グラニュー糖を一気に加え、白っぽくふんわりとするまでよくすり混ぜる（写真a）。

3　卵を割りほぐし、2に少しずつ加えて混ぜる（写真b）。分離しそうになったら薄力粉（分量外）を少し加えるとよい。

4　3にレモンの皮のすりおろし、1の粉類を加え（写真c）、粉っぽさがなくなるまでゴムベラでよく混ぜ合わせる。

5　4の生地を1の型に流し入れ、ゴムベラで縦に1本筋を入れ、180℃のオーブンで40〜45分焼く（写真d）。粗熱をとって型から出す。

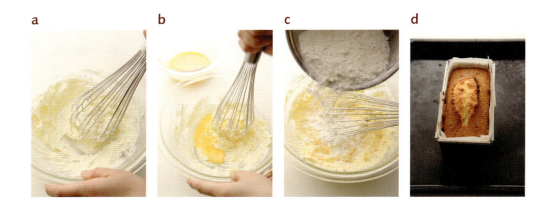

a　b　c　d

りんごのコンポート

りんごは口当たりがいいように皮をむきますが、
皮は捨てずに一緒に煮るのがポイント。
きれいなピンク色に染まったコンポートになります。

材料／作りやすい分量
りんご（紅玉など）　4個
白ワイン　200mℓ
グラニュー糖　90g
シナモンスティック　1本

1　りんごは皮をむき、半分に切って芯をとる。皮の半量はとっておく。
2　鍋に白ワイン、グラニュー糖、水200mℓを入れて火にかけ、沸騰したらりんご、とっておいたりんごの皮、シナモンスティックを加える。落としぶたをし、りんごが透明になってやわらかくなるまで中火で10〜15分煮る。
3　粗熱をとって煮汁ごと保存容器に入れ、冷蔵庫でしっかりと冷やす（写真）。

洋なしのコンポート

バニラのさやと一緒に煮ると、洋なしの芳しさが際立ちます。
洋なしの季節にぜひ作りたい一品。

材料／作りやすい分量
洋なし　3個
バニラのさや　1本
白ワイン　200㎖
グラニュー糖　90g
レモン果汁　小さじ1

1　洋なしは皮をむき、半分に切って芯をとり、形がくずれないように面とりをする。バニラのさやは縦に切り目を入れておく。
2　鍋に白ワイン、グラニュー糖、水200㎖を入れて火にかけ、沸騰したら洋なしを入れる。バニラのさやの中から種をしごき出し、さやとともに加える。
3　レモン果汁を加え、落としぶたをして中火で10分ほど煮る。
4　粗熱をとって煮汁ごと保存容器に入れ、冷蔵庫でしっかりと冷やす（写真）。

みかんのコンポート

温州みかんを丸ごとコンポートにした、お手軽デザート。
八角とアマレットの香りがポイント。みかんの季節のとっておきです。

材料／作りやすい分量

みかん　10個
白ワイン　200㎖
はちみつ　5g
グラニュー糖　180g
八角　2個
アマレット　大さじ1

1　みかんは皮をむき、白い筋もできるだけきれいにとる。
2　鍋に水200㎖、白ワイン、はちみつ、グラニュー糖、八角を入れて煮立て、みかんを加え、弱火で30分ほど煮る。火を止めてアマレットを加える。
3　粗熱をとって煮汁ごと保存容器に入れ、冷蔵庫でしっかりと冷やす。

フルーツポンチ

フレッシュフルーツとフルーツ缶を使った
ちょっぴり懐かしいおやつ。フルーツは好みのものを！

材料／作りやすい分量
パイナップル　1/4個
いちご　8個
メロン　1/8個
バナナ　2〜3本
黄桃（缶詰）　1缶（170g）
白桃（缶詰）　1缶（170g）
シロップ
　水　200ml
　白桃（缶詰）の缶汁　200ml
　グラニュー糖　100g
　レモン果汁　大さじ2
　好みのリキュール　少々

1　鍋にシロップの材料を入れて火にかけ、煮立ったら火を止めて粗熱をとり、冷蔵庫で冷やす。
2　パイナップルは芯をとって皮をむき、ひと口大に切る。いちごはヘタをとって縦4等分に切り、メロンは丸くくり抜く。バナナは皮をむいて1cm幅の輪切りにする。黄桃と白桃は2cm角に切る。
3　ボウルに**1**と**2**を入れ、ラップをかけて冷蔵庫で1時間ほど冷やす。

バニラアイスクリーム

卵とバニラの香りたっぷりの、濃厚な味わいの本格アイス。
生クリームは乳脂肪分45%以上のものを使います。

材料／作りやすい分量
牛乳　400ml
バニラのさや　1本
卵黄　4個分
グラニュー糖　100g
生クリーム　200ml
ウエハース（あれば）　適量

1　バニラのさやは縦に切り目を入れる。鍋に牛乳とバニラのさやを入れて強火にかけ、沸騰直前で火を止める。バニラのさやの中から種をしごき出し、さやは除く。

2　ボウルに卵黄とグラニュー糖を入れ、ゴムベラで白っぽくもったりとするまですり混ぜる。1を少しずつ加えて混ぜ、漉し器で漉しながら鍋に戻す。

3　2を中火にかけ、少しとろみがついてくるまでゆっくりと温め、漉し器で漉しながらボウルに入れる。ボウルの底を氷水に当て、粗熱がとれたら生クリーム150mlを加えてよく混ぜ、バットに流し入れる。冷凍庫に入れ、しっかりとかたまるまで2時間以上冷やす。

4　3を適当な大きさに砕いてフードプロセッサーに入れ（写真）、残りの生クリームを加えてなめらかになるまで撹拌する。

5　再びバットに流し入れ、冷凍庫で1時間ほど冷やしかためる。

6　アイスクリームディッシャーで器に盛り、ウエハースを添える。

キャラメルアイスクリーム

カラメルの苦みのある香ばしさ、コクのある味わいが身上。
甘く口の中で溶けていく感じは、手作りならでは。

材料／作りやすい分量
牛乳　400ml
バニラのさや　½本
グラニュー糖　180g
卵黄　5個分
生クリーム　100ml

1　バニラのさやは縦に切り目を入れる。鍋に牛乳とバニラのさやを入れて強火にかけ、沸騰直前で火を止める。バニラのさやの中から種をしごき出し、さやは除く。

2　別の鍋にグラニュー糖90g、水大さじ1を入れて火にかけ、グラニュー糖が焦げて茶色くなったら（写真 **a**）、**1**を少しずつ加えて混ぜ、カラメルを作る（写真 **b**）。

3　ボウルに卵黄とグラニュー糖90gを入れ、ゴムベラで白っぽくもったりとするまですり混ぜ、**2**を加えて混ぜ合わせる。

4　**3**を鍋に移し、中火にかけて軽くとろみがつくまで温める。氷水につけて粗熱をとり、生クリームを加えて混ぜ、バットに流し入れる。冷凍庫に入れ、しっかりとかたまるまで2時間以上冷やす。

5　**4**を適当な大きさに砕いてフードプロセッサーに入れ、なめらかになるまで撹拌する。再びバットに流し入れ、冷凍庫で1時間ほど冷やしかためる。

6　アイスクリームディッシャーで器に盛る。

a　　b

レモンシャーベット

レモン果汁と水、グラニュー糖だけで作る、すっきりタイプ。
レモンのケースに詰めて凍らせると、おもてなし風に。

材料／5個分

レモン（国産） 5個（果汁220㎖）
グラニュー糖 250g
ミント 少々

1 レモンは横1/3くらいを切り、スプーンで果肉をくり抜く。果肉から果汁を搾って種を除き（約220㎖）、水適量（約200㎖）と合わせ、420㎖にする。
2 レモンの皮はケースに使うので、内側の白いワタをとり除き、洗って乾かしておく。
3 鍋にグラニュー糖と水200㎖を入れて火にかけ、グラニュー糖が溶けたら火を止めて冷ます。1に加えて混ぜ、バットに流し入れ、冷凍庫で冷やしかためる。
4 1時間30分ほどしたらとり出して大きめのスプーンなどでざっくりと混ぜる。もう一度途中で全体を混ぜ合わせ、空気を入れてふんわりとしたシャーベットにする。
5 4を冷凍庫からとり出して全体に混ぜ、2のレモンのケースに入れてミントを飾る。

フローズンヨーグルト

ヨーグルト、コンデンスミルク、生クリームで作る
コクのある味わいが魅力。飽きずにいくらでも食べられます。

材料／作りやすい分量
プレーンヨーグルト　300mℓ
コンデンスミルク　100mℓ
生クリーム　100mℓ
グラニュー糖　大さじ1
ミント　適量

1　ボウルに生クリームとグラニュー糖を入れて8分立てにし、ヨーグルトとコンデンスミルクを加え、泡立て器でなめらかになるまで混ぜ合わせる。
2　1をバットに流し入れ、冷凍庫で冷やしかためる。1時間ほどしたら一度とり出して大きめのスプーンなどで混ぜ（写真）、再び冷凍庫に入れて冷やしかためる。
3　器に盛り、ミントを添える。

いちごパフェ

フレッシュいちごピュレとバニラアイスは手作り。
いちごの季節にぜひ作りたい、ちょっと欲張りなおやつです。

材料／2人分
いちご　20個
グラニュー糖　小さじ4
レモン果汁　小さじ½
ホイップクリーム（作りやすい分量）
　生クリーム　100mℓ
　グラニュー糖　大さじ1
いちごのアイスクリーム（市販品）
　適量
バニラアイスクリーム（p.60参照）
　適量

1　いちごはヘタをとり、2個はトッピング用にそのまま、8個は縦半分に切る。残り10個はボウルに入れてグラニュー糖、レモン果汁を加えてフォークでつぶし、冷蔵庫で冷やす。
2　ホイップクリームの材料はボウルに入れ、8分立てにする（p.7参照）。
3　グラスに**1**のピュレを入れ、いちごアイスクリームをのせ、ホイップクリームを絞り出す。アイスクリームディッシャーでバニラアイスクリームをのせ、半分に切ったいちごを放射線状に飾り、さらにホイップクリームを絞り出す。上に丸ごとのいちごをのせる。

チョコバナナサンデー

バナナとチョコは永遠のコンビ。
自家製のチョコレートソースがおいしさを盛り立てます。

材料／2人分
バナナ　1〜2本
チョコレートソース
　スイートチョコレート　50g
　牛乳　70ml
　生クリーム　10ml
　ラム酒　少々
ホイップクリーム（作りやすい分量）
　生クリーム　100ml
　グラニュー糖　大さじ1
バニラアイスクリーム（p.60 参照）
　適量
ワッフルビスケットなど　適量

1　チョコレートソースを作る。スイートチョコレートは刻む。鍋に牛乳と生クリームを入れて火にかけ、沸騰直前まで温めて火を止め、刻んだチョコレートを加えて溶かす。粗熱がとれたらラム酒を加える。
2　ホイップクリームの材料はボウルに入れ、8分立てにする(p.7 参照)。
3　バナナは皮をむき、食べやすい大きさの斜め切りにする。
4　グラスにチョコレートソースを入れ、バニラアイスクリームをアイスクリームディッシャーでのせ、バナナを並べる。ホイップクリームを絞り出し、上からもチョコレートソースをかける。ワッフルビスケットなどを添える。

フルーツゼリー

数種類のフルーツをゼリー液でかためただけの、
シンプルなおいしさが魅力。
透明感のあるゼリーがキラリと光って、華やか。

材料／直径 18cm の花型 1 台分
いちご　10 個
オレンジ　1 個
アメリカンチェリー　10 個
白桃（缶詰）　1 缶
板ゼラチン　13 g
白ワイン　250㎖
グラニュー糖　130 g
レモン果汁　1 個分

1　いちごはヘタをとって 4 つ割りにする。オレンジは皮をむいて果肉をとり出す。アメリカンチェリーは半分に切って種をとる。白桃はオレンジと同じくらいの大きさに切る。

2　ゼラチンはたっぷりの水（分量外）でふやかしておく。

3　鍋に白ワイン、水 250㎖、グラニュー糖を入れて火にかけ、グラニュー糖が溶けたら火を止め、水気をきったゼラチンを加え、余熱で溶かす（写真 **a**）。粗熱がとれたらレモン果汁を加える。

4　3 をボウルに入れ、ボウルの底を氷水に当てながらゴムベラで混ぜ、軽くとろみがつくまで冷やす（写真 **b**）。

5　4 のゼリー液を型に 5㎜高さまで流し入れ、氷水につけてかためる。ゆるめにかたまったら 1 のフルーツの 1/3 量を彩りよく並べ（写真 **c**）、フルーツがかくれるくらいまでゼリー液を注ぐ。冷蔵庫で 10 分ほど冷やしかためる。

6　5 のゼリーがかたまったら 1 のフルーツの 1/2 量を並べ、ゼリー液を注いでさらに 10 分ほど冷蔵庫で冷やしかためる。これをもう 1 回繰り返し、冷蔵庫で 1 時間以上冷やしかためる。

7　6 の型を熱湯にさっとつけてとり出しやすくし、器に盛る。

a

b

c

コーヒーゼリー

型を使わず、グラスでかためるスタイル。
シロップと生クリームをトッピングしていただきます。

材料／4〜5人分
コーヒー豆　20g
板ゼラチン　6g
シロップ（作りやすい分量）
　水　100mℓ
　グラニュー糖　80g
生クリーム　100mℓ

1　コーヒー豆はひき、300mℓのコーヒーを抽出する。
2　ゼラチンはたっぷりの水（分量外）でふやかしておく。
3　**1**を鍋に入れて火にかけ、水気をきったゼラチンを加えて混ぜ、ゼラチンが溶けたら火を止める。粗熱がとれたら、耐熱グラスなどに流し入れ、冷蔵庫で冷やしかためる。
4　シロップを作る。分量の水とグラニュー糖を鍋に入れて火にかけ、グラニュー糖が溶けたら火を止め、しっかりと冷ます。
5　**3**の上に**4**のシロップを適量流し入れ、生クリームをのせる。

ワインゼリー

赤ワインで作った、ちょっぴり懐かしい大人のデザート。
白ワイン、スパークリングワインで作っても OK です。

材料／4〜5人分
赤ワイン　250㎖
板ゼラチン　7g
グラニュー糖　90g
レモン果汁　大さじ1
ホイップクリーム（作りやすい分量）
　生クリーム　100㎖
　グラニュー糖　大さじ1
アメリカンチェリー　適量

1　ゼラチンはたっぷりの水（分量外）でふやかしておく。
2　鍋に水250㎖とグラニュー糖を入れて火にかけ、グラニュー糖が溶けたら赤ワインを加え、さっと煮たら火を止める。水気をきったゼラチンを加えて混ぜ、余熱で溶かす。
3　2をボウルに入れ、ボウルの底を氷水に当てて粗熱をとり、レモン果汁を加えて混ぜる。とろみがついたらグラスに流し入れ、冷蔵庫で冷やしかためる。
4　ホイップクリームの材料はボウルに入れ、8分立てにする(p.7参照)。
5　3にホイップクリームをのせ、半分に切って種をとったアメリカンチェリーを飾る。

バニラのババロア

卵黄、牛乳、グラニュー糖、生クリームを
ゼラチンでかためた、プレーンババロアです。
バニラのさやとコアントローを使うのがポイント。

**材料／直径 15cm のゼリー型
　1 台分**
板ゼラチン　7 g
バニラのさや　½本
牛乳　400㎖
卵黄　3個分
グラニュー糖　80 g
生クリーム　150㎖
コアントロー　小さじ 2
ホイップクリーム（作りやすい分量）
　生クリーム　100㎖
　グラニュー糖　小さじ 2

1　ゼラチンはたっぷりの水（分量外）でふやかしておく。バニラのさやは縦に切り目を入れる。
2　鍋に牛乳とバニラのさやを入れて火にかけ、沸騰直前まで温めて火を止める。バニラのさやの中から種をしごき出し、さやは除く。
3　ボウルに卵黄とグラニュー糖を入れ、泡立て器で白っぽくもったりとするまで泡立て、**2**を少しずつ加えながら混ぜ合わせる。
4　**3**を鍋に入れて中火にかけ、軽くとろみがつくまで温めて火を止める（写真 **a**）。すぐに漉し器で漉しながらボウルに入れ、水気をきったゼラチンを加えて余熱で溶かす。ボウルの底を氷水に当て、ときどき混ぜながらとろみが出るまで冷やし（写真 **b**）、コアントローを加える。
5　生クリームをボウルに入れて 6 分立てくらいに泡立て、⅓量を **4** に加えてよく混ぜ（写真 **c**）、残りの生クリームも加えて全体に混ぜ合わせる。

6　ゼリー型の内側をさっと水でぬらしてから **5** を流し入れ（写真 **d**）、冷蔵庫で 2 時間以上冷やしかためる。
7　ホイップクリームの材料はボウルに入れ、8 分立てにする（p.7 参照）。
8　**6** の型を熱湯にさっとつけてババロアを器にとり出し、ババロアのまわりにホイップクリームを絞る。

a	b	c	d

いちごのババロア

リング型で作ってみんなで切り分けていただく、
おもてなしにもおすすめの一品。
小さめのいちごを使うと、実の白い部分が少ないので
仕上がりの色が濃くてきれいです。

材料／直径18cmのリング型 1台分

板ゼラチン　9g
いちご　350g
レモン果汁　大さじ1
牛乳　230mℓ
グラニュー糖　90g
キルシュ　小さじ2
生クリーム　150mℓ
飾り用いちご　適量

1　ゼラチンはたっぷりの水（分量外）でふやかしておく。

2　いちごはヘタをとってミキサーに入れ、レモン果汁を加え（写真 **a**）、撹拌してピュレ状にする。

3　鍋に牛乳とグラニュー糖を入れて沸騰直前まで温めて火を止め、水気をきったゼラチンを加えて余熱で溶かす。ボウルに移し、ボウルの底を氷水に当てて粗熱をとる。

4　**3**に**2**のいちごのピュレを加えて混ぜ（写真 **b**）、とろみが出るまで混ぜながら冷やし、キルシュを加える。

5　生クリームをボウルに入れて6分立てくらいに泡立て、半量を**4**に加えてざっと混ぜ（写真 **c**）、残りの生クリームも加えて全体に混ぜ合わせる。

6　リング型の内側を水でぬらし、**5**を流し入れ、冷蔵庫で2時間以上冷やしかためる。

7　**6**の型を熱湯にさっとつけてババロアを器にとり出し、真ん中に2〜4等分に切ったいちご、ヘタをつけたままのいちごを飾る。

a

b

c

チョコレートムース

ゼラチンを使わず、チョコレートでかためるムース。
メレンゲを加えてふっくらさせるので、
濃厚な味わいなのに、口当たりはなめらか。

材料／4〜5人分
スイートチョコレート　100g
オレンジ果汁　大さじ2
グランマルニエ　大さじ1
卵黄（室温に戻したもの）　1個分
メレンゲ
　卵白　1個分
　グラニュー糖　大さじ2
生クリーム　100mℓ
ホイップクリーム（作りやすい分量）
　生クリーム　100mℓ
　グラニュー糖　小さじ2
オレンジの皮のせん切り　適量

1 チョコレートは細かく刻んでボウルに入れ、湯せんにかけて溶かす（写真 **a**）。

2 1にオレンジ果汁、グランマルニエを加えてゆっくりと混ぜ、卵黄を加えてやさしく混ぜる。分離しそうになったら牛乳少量（分量外）を加えて混ぜるとよい。

3 メレンゲを作る。ボウルに卵白を入れて泡立て器で軽く泡立て、グラニュー糖を2〜3回に分けて加え、角が立つまで泡立てる（写真 **b**）。

4 ボウルに生クリームを入れて8分立てにし、3に加えてさっくりと混ぜる。

5 2に4の1/3量を加えてよく混ぜ（写真 **c**）、残りも加えてムラのないようにゆっくりと混ぜる。

6 5を絞り出し袋に入れて器に絞り入れ（写真 **d**）、冷蔵庫で2〜3時間冷やす。

7 ホイップクリームの材料はボウルに入れ、8分立てにする（p.7参照）。

8 6の上にホイップクリームを絞り、オレンジの皮を飾る。

a

b

c

d

ティラミス

ほろ苦いコーヒーシロップがしみ込んだフィンガービスケット、卵黄を使ったコクのあるチーズクリームの組み合わせが絶妙。リキュールが効いた大人の味わいです。

材料／直径 18cm の容器 1 台分
マスカルポーネチーズ　250 g
グラニュー糖　50 g
卵黄　1個分
生クリーム　200㎖
マデイラ酒　大さじ2
コーヒーシロップ
　インスタントコーヒー　大さじ1
　グラニュー糖　50 g
　熱湯　200㎖
　ラム酒　大さじ2
フィンガービスケット　12 本
ココアパウダー　適量

1　コーヒーシロップを作る。カップなどにインスタントコーヒーとグラニュー糖を入れ、熱湯を注いで溶かし、粗熱がとれたらラム酒を加える。

2　ボウルにマスカルポーネチーズ、グラニュー糖、卵黄を入れてなめらかになるまで混ぜる（写真 **a**）。

3　生クリームは8分立てにする（p.7 参照）。

4　**2** にマデイラ酒を加えて混ぜ、**3** を加えて混ぜ合わせる。

5　容器にフィンガービスケットを6本並べ、**1** のシロップを刷毛にたっぷり含ませてぬり、フィンガービスケットからシロップが滴るくらいまで十分にしみ込ませ（写真 **b**）、**4** のクリームの半量を流し入れる。

6　その上にフィンガービスケット6本を並べて **1** のシロップをたっぷりぬり、**4** の残りのクリームを重ねて流し入れる（写真 **c**）。

7　ラップをかけて冷蔵庫に入れ、1時間ほど冷やす。食べる直前にココアパウダーをふる。

a

b

c

ベイクドチーズケーキ

チーズケーキの台はグラハムクッキーを使えば手軽。
混ぜた生地を流し入れてオーブンで焼けば完成です。
冷蔵庫で冷やして味を落ち着かせてからいただきます。

材料／直径18cmの丸型
（底が抜けるタイプ）1台分
グラハムクッキー　80g
バター（食塩不使用）　30g
クリームチーズ　250g
サワークリーム　150g
グラニュー糖　100g
卵黄　2個分
卵　1個
生クリーム　150ml
バニラのさや　1本
コーンスターチ　大さじ2
レモンの皮のすりおろし　1個分
レモン果汁　少々

1　バターとクリームチーズは室温に戻す。
2　グラハムクッキーはビニール袋などに入れてめん棒でたたいて細かくし、ボウルに入れる。バターを加えて混ぜ、型の底に敷く（写真**a**）。冷蔵庫で冷やしかためる。
3　クリームチーズをボウルに入れ、ゴムベラで練れるくらいのやわらかさにし（写真**b**）、サワークリームとグラニュー糖を加えて泡立て器でなめらかになるまで混ぜる。卵黄を加えて混ぜ、続いて卵を加えて混ぜ、生クリームを加えてさらに混ぜる。
4　バニラのさやは縦に切り目を入れてさやの中から種をしごき出し、さやは除く。バニラの種を**3**に加え、レモンの皮、レモン果汁、ふるったコーンスターチを加えて混ぜる（写真**c**）。
5　**2**の型に**4**の生地を流し入れ、型を2～3回軽く落として表面を平らにして空気を抜く。湯せんの湯が入らないように、型をアルミホイルで底から包む。
6　**5**をバットなどに入れて天パンにのせ、バットに型の⅓の高さまで熱湯を入れる（写真**d**）。160℃のオーブンで50分～1時間焼く。
7　粗熱がとれたら冷蔵庫で冷やし、型から出して器に盛る。

a

b

c

d

フルーツサンド

好きなフルーツを数種類用意し、切り分けたときに
きれいに見えるように並べるのポイント。
ホイップクリームには
キルシュを加えて香りをつけるのが坂田流です。

材料／2人分
食パン（12枚切り）　8枚
いちご（小さめ）　6個
メロン　適量
黄桃（缶詰）　½個分
ホイップクリーム（作りやすい分量）
　生クリーム　200ml
　グラニュー糖　大さじ3
　キルシュ　小さじ1

1　いちごはヘタをとって縦半分に切る。メロンと黄桃は5mm厚さに切り、黄桃はペーパータオルで水気をしっかりと拭きとる。
2　ホイップクリームの材料はボウルに入れ、7～8分立てにする（p.7参照。写真**a**）。
3　パンは2枚1組にし、1枚に**2**を薄くぬり、**1**のフルーツを平らに並べる。切る形に合わせて、切り口にきれいにフルーツが見えるように並べる（写真**b**）。上からも**2**をぬってフルーツがかくれるようにし（写真**c**）、もう1枚のパンではさむ。
4　手でしっかりと押さえてラップで包み、冷蔵庫で30分ほどおく。
5　耳を切り落とし、食べやすい大きさに切り分ける。

a　b　c

カスタードサンド

手作りのカスタードクリームをはさめば
ふわふわ、しっとり。
ほかには何も入れず、クリームを味わいます。

材料／2人分
食パン（8枚切り）　4枚
カスタードクリーム（p.18参照）　適量

1　パンは2枚1組にし、カスタードクリームを厚く
ぬってはさむ。ラップで包み、冷蔵庫で30分ほどおく。
2　耳を切り落とし、切り分ける。

ピーナツバター＆
マーマレードサンド

食べたいときにすぐに作れるのが魅力。
この組み合わせが絶妙。
クセになるおいしさです。

材料／2人分
食パン（12枚切り）　4枚
ピーナツバター（クリームタイプ）　大さじ3
マーマレード　大さじ3

1　パンは2枚1組にし、ピーナツバター、マーマレ
ードの順にぬってはさむ。
2　手で軽く押さえて少しなじませ、耳を切り落とし、
切り分ける。

61

シナモンシュガートースト

シナモンの香りが鼻をくすぐる、
ちょっぴり懐かしい食パンおやつ。
グラニュー糖の代わりに三温糖や黒砂糖でも。

材料／2人分
食パン（6枚切り） 2枚
バター（食塩不使用） 大さじ4
グラニュー糖 大さじ2
シナモンパウダー 小さじ1/2

1　パンは耳を切り落とし、4等分に切る。
2　バターはボウルに入れて室温に戻してやわらかくし、グラニュー糖、シナモンパウダーを加えて混ぜ、1にぬってオーブントースターで焼く。
3　器に盛り、さらに好みでシナモンパウダー（分量外）をふる。

62

ハニーバタートースト

表面カリッ、中はふんわりの
厚切りトーストに、バターとはちみつを
たっぷりとからめていただきます。

材料／2人分
食パン（厚切り） 2枚
バター（食塩不使用） 大さじ4
はちみつ 大さじ2
仕上げ用はちみつ、バター（食塩不使用） 各適量

1　パンは耳に沿って内側に切り目を入れ、耳を切り離さないようにして4等分に切り目を入れる。
2　バターはボウルに入れて室温に戻してやわらかくし、はちみつを加えて混ぜる。
3　1に2をぬってオーブントースターで焼き、器に盛り、仕上げにバターをのせてはちみつをかける。

ミックスサンド

卵、ハム＆きゅうり、ツナ＆レタス。
3つの具をとり合わせた定番サンドです。
辛子バターをぬる、野菜は水気をしっかりと拭く、
少し落ち着かせてから切り分ける、これがおいしさの基本。

材料／2人分
食パン（12枚切り）　12枚
辛子バター
　バター（有塩）　大さじ3
　イエローマスタード
　　小さじ1½（または練り辛子
　　小さじ½）
きゅうり　½本
レタス　1枚
ゆで卵　2個
塩、こしょう　各適量
マヨネーズ　大さじ5½
ツナ（缶詰）　80g
玉ねぎのみじん切り　⅛個分
ハム　2枚

1 辛子バターを作る。バターは室温に戻してやわらかくし、マスタードを加えて混ぜる。

2 きゅうりは3等分の長さに切り、縦1〜2mm厚さの薄切りにし、ペーパータオルにはさんで水気を拭きとる。レタスは洗って水気をきり、ペーパータオルにはさんでしっかりと水気を拭きとり、パンの大きさに合わせてちぎる。

3 ゆで卵はみじん切りにし、塩少々、こしょう適量、マヨネーズ大さじ3を加えて混ぜ合わせる。

4 ツナは油をきり、ボウルに入れてほぐし、玉ねぎ、マヨネーズ大さじ2½、塩少々を加えて混ぜ合わせる。

5 パンは2枚1組にし、片面に辛子バターをぬる（写真**a**）。そのうち2組には、きゅうりをすき間なく並べ（写真**b**）、ハムを1枚おいてはさむ。次の2組には、**3**の卵をぬってはさむ。残りの2組には、レタスを敷いて**4**のツナをのせてはさむ。

6 2組ずつラップで包み（写真**c**）、冷蔵庫に15分ほど入れて少しなじませる。耳を落として切り分け、器に盛り、きゅうりのピクルス（分量外）を縦半分に切って添える。

a
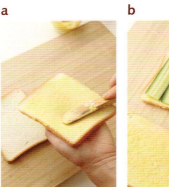

b

c

ピザトースト

たまにふっと食べたくなる、懐かしレシピ。
ハムの代わりにサラミやソーセージ、
バターの代わりに辛子バターやマヨネーズをぬっても。

材料／2人分

イギリスパン（厚切り） 2枚
バター（食塩不使用） 大さじ1
トマトケチャップ 大さじ2
ハム 2枚
ピーマン ½個
マッシュルーム 2個
玉ねぎ ¼個
シュレッドチーズ 40g

1 ハムは2cm角に切り、ピーマンは輪切りにする。マッシュルーム石づきをとって薄切りにし、玉ねぎも薄切りにする。
2 バターは室温に戻してやわらかくする。
3 パンにバターをぬり、トマトケチャップをぬり、1をのせる。
4 3にチーズをたっぷりとのせ、オーブントースターでチーズが溶けるまで焼く。斜め半分に切る。

コンビーフトースト

コンビーフと玉ねぎをマヨネーズであえてパンにのせ、
チーズをかけてオーブントースターへ。
マヨネーズの量は好みで加減。ボリューム満点のおやつです。

材料／2人分
食パン（厚切り）　2枚
コンビーフ（缶詰）　1缶
玉ねぎ　⅛個
マヨネーズ　大さじ3
塩、粗びき黒こしょう　各適量
バター（食塩不使用）　大さじ1
パルメザン粉チーズ　20g

1　コンビーフはほぐし、玉ねぎはみじん切りにする。
2　ボウルに**1**を入れ、マヨネーズ、塩、こしょうを加えて混ぜ合わせる。
3　バターは常温に戻してやわらかくする。
4　パンにバターをぬって**2**をのせ、チーズを散らし、オーブントースターでチーズが溶けるまで焼く。仕上げにこしょうをふる。

ホットサンド

ハム、卵、カレーマヨネーズのトリオ。パンの耳はつけたままでも
切り落としても、好みで。ホットサンドメーカーがなければ、
フライパンやグリルパンで、鍋のふたを押しつけながら焼くとカリッとします。

材料／2人分
食パン（8枚切り）　4枚
ゆで卵　1個
スライスチーズ　2枚
ハム　2〜4枚
カレーマヨネーズ
　マヨネーズ　大さじ2
　カレー粉　小さじ1/3

1　ゆで卵は輪切りにする。カレーマヨネーズの材料は混ぜる。
2　パンは2枚1組にして耳を切り落とし、片面にカレーマヨネーズをぬり、ホットサンドメーカーにのせ、チーズ、ハム、ゆで卵の順にのせてはさむ（写真）。
3　ホットサンドメーカーのふたをし、こんがりと焼き色がつくまで焼く。半分に切る。

ハムカツドッグ

サクサクのと衣とシャキシャキのキャベツが身上。
揚げたてアツアツをはさんでウスターソースをかけてパクッ。

材料／2人分
ドッグパン　2個
ハム　4枚
衣
　小麦粉、溶き卵、パン粉
　　各適量
揚げ油　適量
キャベツ　1枚
辛子マヨネーズ
　マヨネーズ　大さじ2
　練り辛子　小さじ1/3
ウスターソース　適量
パセリ　適量

1　ハムは2枚重ねて小麦粉、溶き卵、パン粉の順に衣をつけ、180℃の揚げ油でカリッと揚げ、油をきる。
2　キャベツはせん切りにする。辛子マヨネーズの材料は混ぜ合わせる。
3　ドッグパンは上面に切り目を入れ、アルミホイルで包み、オーブントースターで軽く温める。
4　3の切り目に辛子マヨネーズをぬり、キャベツを敷き、1のハムカツを半分に切ってはさむ。ウスターソースをかけ、パセリを添える。

ホットドッグ

ピクルスと玉ねぎを混ぜてトッピングするのが坂田流。
食べたいときにすぐに作れる、オリジナルレシピです。

材料／2人分
ドッグパン　2本
バター（食塩不使用）　少々
ソーセージ（長めのもの）　2本
粒マスタードマヨネーズ
　粒マスタード　小さじ1
　マヨネーズ　大さじ2
きゅうりのピクルスのみじん切り
　1本分
玉ねぎのみじん切り　大さじ2
サラダ菜　2枚
イエローマスタード　適量

1　バターは室温に戻してやわらかくする。粒マスタードマヨネーズの材料は混ぜ合わせる。
2　ドッグパンは上面に切り目を入れ、アルミホイルで包み、オーブントースターで軽く温める。切り目に1のバターをぬり、粒マスタードマヨネーズを重ねてぬる。
3　ソーセージはフライパンで転がしながら焼く。
4　2の切り目にサラダ菜を敷いてソーセージをはさみ、マスタードを絞り出し、きゅうりのピクルスと玉ねぎのみじん切りを混ぜ合わせてのせる。

アメリカンドッグ

ホットケーキ生地と魚肉ソーセージを使えば家でも簡単に作れます。
つい手をのばしたくなるミニサイズです。

材料／8本分
ホットケーキ生地
　薄力粉　100g
　ベーキングパウダー　小さじ1
　塩　少々
　卵　1個
　グラニュー糖　30g
　はちみつ　10g
　牛乳　70ml
　溶かしバター（食塩不使用）　15g
魚肉ソーセージ　4本
揚げ油　適量
イエローマスタード、
　トマトケチャップ　各適量

1 ホットケーキ生地はp.12を参照して作る。
2 魚肉ソーセージは半分の長さに切り、太めの串またはアイスキャンディー棒を刺す。
3 2を1の生地にくぐらせ（写真）、170℃の揚げ油に入れ、転がしながらこんがりと色づくまで揚げる。
4 器に盛り、マスタードとトマトケチャップを絞りかける。

ピッツァパン

パン生地を作り、トマトソースと具をのせて
オーブンで焼き上げた、ちょっぴり手の込んだおやつ。
モチッとした生地がクセになる、喫茶店風のおいしさです。

材料／直径約20cmのもの2枚分
パン生地
　強力粉　250 g
　薄力粉　50 g
　ドライイースト　5 g
　イースト予備発酵用
　　ぬるま湯　大さじ2
　　上白糖　少々
　グラニュー糖　12 g
　塩　5 g
　オリーブオイル　大さじ1
　ぬるま湯　170～180㎖
簡単トマトソース
　ホールトマト缶　1缶
　にんにく（つぶしたもの）　1かけ
　オリーブオイル　大さじ3
　塩　小さじ1
サラミの薄切り　6～7枚
ピーマンの輪切り　½個分
マッシュルームの薄切り　2個分
玉ねぎの薄切り　¼個分
ミニトマトの半割り　5個分
ゆで卵の輪切り　1個分
むきえび（ゆでたもの）　80 g
アンチョビー（ちぎったもの）
　5～6枚
シュレッドチーズ　100 g

1　パン生地を作る。小容器にドライイースト、イースト予備発酵用のぬるま湯、上白糖を入れて混ぜ、プツプツと気泡が出てくるまで暖かいところに10～15分おく。
2　ボウルに強力粉、薄力粉、グラニュー糖、塩を入れて泡立て器でよく混ぜ、真ん中を凹ませ、**1**のイースト、オリーブオイルを入れ（写真**a**）、ぬるま湯を少しずつ加えながらゴムベラで混ぜ、ひとまとまりになるまで混ぜる。
3　**2**を台にのせ、たたきつけるようにしながらグルテンを出し、手につきにくくなってきたら、向こう側に生地をのばしては丸める、を繰り返す（写真**b**、**c**）。なめらかになるまで2～3分続ける。
4　丸めてボウルに入れ、ラップをかけ、暖かいところで1時間ほどおき、約2倍の大きさになるまで発酵させる（写真**d**）。
5　簡単トマトソースを作る。ホールトマトを手でよくつぶしてフライパンに入れ、にんにくを加えて強火で5分ほど煮つめ（写真**e**）、仕上げにオリーブオイルと塩を加えて混ぜる。
6　**4**の生地をこぶしでたたいてガス抜きをし、半分に切り、それぞれ直径20cmほどに丸くのばす（写真**f**）。
7　**6**に**5**をぬり、サラミ、ピーマン、マッシュルーム、玉ねぎ、ミニトマト、ゆで卵、むきえび、アンチョビーをのせ、チーズを散らす。これを2枚作る。200℃のオーブンで20分ほど焼く。

カレーパン

p.92のパン生地でひき肉カレーを包み、
パン粉をつけてカリッと揚げます。揚げている間に
具が出ないように、しっかりと包んでおくのがポイントです。

材料／8個分

パン生地
- 強力粉　250 g
- 薄力粉　50 g
- ドライイースト　5 g

イースト予備発酵用
- ぬるま湯　大さじ2
- 上白糖　少々
- グラニュー糖　12 g
- 塩　5 g
- オリーブオイル　大さじ1
- ぬるま湯　170〜180㎖

ひき肉カレー
- 合いびき肉　300 g
- 玉ねぎ　1個
- にんにく、しょうが　各1かけ
- サラダ油　大さじ2
- カレー粉　大さじ3
- 強力粉　大さじ1
- トマトケチャップ　大さじ5
- 塩　小さじ1
- 上白糖　小さじ1

パン粉　適量
揚げ油　適量

1　パン生地はp.92の作り方1〜4を参照して作り、発酵させる。

2　ひき肉カレーを作る。玉ねぎ、にんにく、しょうがはみじん切りにする。

3　鍋にサラダ油を熱して2を炒め、しんなりしたらひき肉を加えてさらに炒め、色が変わったらカレー粉、強力粉を加えてなじませ、トマトケチャップ、水½カップを加える。塩、上白糖で味を調え、7〜8分煮つめる。バットなどに広げて冷ます。

4　1の生地をこぶしでたたいてガス抜きをし、8等分にして丸め、それぞれ楕円形にのばす（写真**a**）。

5　手のひらに4をのせ、3のカレー大さじ2〜3をのせ（写真**b**）、生地の縁をまずは数カ所くっつけ、そのあと全体をしっかりと留める（写真**c**）。残りも同様にして作る。

6　刷毛で表面に水（分量外）をぬり、パン粉をたっぷりとつけ（写真**d**）、5〜10分おく。

7　6を170℃の揚げ油でこんがりと色づくまで3〜4分揚げる。

a
b
c
d

72 ピロシキ

春雨やゆで卵入りのピロシキの具をパン生地で包んで
カラリと揚げた、とっておき。
揚げたてはもちろん、冷めても、温め直しても、おいしいまま！

材料／10個分

パン生地
- 強力粉　250 g
- 薄力粉　50 g
- ドライイースト　5 g

イースト予備発酵用
- ぬるま湯　大さじ2
- 上白糖　少々
- グラニュー糖　12 g
- 塩　5 g
- オリーブオイル　大さじ1
- ぬるま湯　170〜180ml

ピロシキの具
- 合いびき肉　150 g
- 春雨　20 g
- ゆで卵　1個
- 玉ねぎ　½個
- ピーマン　1個
- しいたけ　2枚
- しょうが　1かけ
- サラダ油　大さじ2
- クミンシード　大さじ1
- 小麦粉　大さじ2
- 塩　小さじ1
- こしょう　少々
- トマトケチャップ　大さじ3
- 揚げ油　適量

1 パン生地はp.92の作り方1〜4を参照して作り、発酵させる。

2 具を作る。春雨は戻して2cmくらいの長さに切り、ゆで卵はみじん切りにする。玉ねぎ、ピーマン、しいたけ、しょうがはみじん切りにする。

3 フライパンにサラダ油を熱し、クミンシードを炒め、香りが出たら2の野菜を加えて炒める。半量のひき肉を入れ（写真**a**）、小麦粉、塩、こしょう、トマトケチャップを加えてさらに炒め（写真**b**）、ボウルに移して冷ます。

4 3に残りのひき肉を入れ（写真**c**）、春雨、ゆで卵を加えて混ぜる。

5 1の生地をこぶしでたたいてガス抜きをし、10等分にして丸め、それぞれ丸くのばす。

6 手のひらに5をのせ、4の具大さじ2〜3をのせて包み、閉じ目はしっかりと留める（写真**d**）。残りも同様にして作る。霧吹きをして5分ほどおく。

7 6を170℃の揚げ油でこんがりと色づくまで揚げる（写真**e**）。

a 　b 　c 　d 　e

ジンジャーエール

ジンジャーシロップを手作りすれば、おいしさも格別。
湯で割ってホットジンジャードリンクにすることもできます。

材料／作りやすい分量
ジンジャーシロップ
　しょうが　200 g
　黒粒こしょう　15粒
　水　1カップ
　レモンの薄切り　1個分
　グラニュー糖　400 g
　クローブ　10粒
炭酸水、氷　各適量

1 ジンジャーシロップを作る。しょうがは皮つきのままみません切りにし、黒粒こしょうは軽くつぶす。
2 すべての材料を鍋に入れて火にかけ、沸騰したら弱火にし、40分ほど煮つめる。
3 グラスにジンジャーシロップ大さじ2と具適量を入れ、炭酸水150mlを加えて混ぜる。好みで氷を加える。

殺菌した瓶に入れて冷蔵庫で4週間ほど保存可能。

クリームソーダ

フレッシュないちごをたっぷり使ったいちごシロップはきれいなルビー色。
クリームソーダに仕立てて楽しみます。

材料／作りやすい分量
いちごシロップ
　いちご（ヘタをとったもの）
　　正味 300 g
　グラニュー糖　180 g
炭酸水、氷　各適量
バニラアイスクリーム　適量

1　いちごシロップを作る。いちごとグラニュー糖を鍋に入れ、そのまま30分ほどおく。
2　1を火にかけ、弱めの中火で20分ほど煮、ガーゼなどで漉す。
3　グラスにいちごシロップ大さじ2～3を入れ、炭酸水150mlを加えて混ぜ、好みで氷を加える。アイスクリームをのせ、いちごシロップ適量をかける。

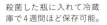

殺菌した瓶に入れて冷蔵庫で4週間ほど保存可能。

ミルクセーキ

牛乳、卵黄、砂糖で作る、
昔ながらの懐かしドリンク。
氷も一緒にミキサーに入れて撹拌し、
ひんやりとした飲み心地に。

材料／1〜2杯分
卵黄　1個分
上白糖　大さじ2
牛乳　200ml
氷　3〜4かけ

1　すべての材料をミキサーに入れて撹拌し、グラスに注ぐ。

ミックスジュース

バナナ、りんご、オレンジは、
飲みやすい組み合わせ。
レモン汁を少し入れると味が締まります。

材料／2〜3杯分
バナナ　1本　　上白糖　大さじ2
りんご　1/2個　レモン果汁　大さじ1
オレンジ　1/2個　氷　3〜4かけ

1　バナナは皮をむいて2cm幅の輪切りにする。りんごは皮をむいて種と芯を除き、ざく切りにする。オレンジは薄皮から果肉をとり出す。
2　すべての材料と水100mlをミキサーに入れて撹拌し、グラスに注ぐ。

バナナシェイク

作ってすぐがおいしい！
上白糖の代わりにきび砂糖を使ったり、
はちみつやメープルシロップでも。

材料／2杯分
バナナ　1本
牛乳　200mℓ
上白糖　大さじ3
氷　3〜4かけ

1　バナナは皮をむいて2cm幅の輪切りにする。
2　すべての材料をミキサーに入れて撹拌し、グラスに注ぐ。

いちごシェイク

いちごの季節にぜひ作りたい、
華やかな香りのシェイク。
ほかのベリー類、メロン、桃などで作っても
おいしい。

材料／1〜2杯分
いちご　5個
上白糖　大さじ1½
牛乳　180mℓ
氷　3〜4かけ

1　いちごはヘタをとり、半分に切る。
2　すべての材料をミキサーに入れて撹拌し、グラスに注ぐ。

レモンスカッシュ

レモンのさわやかな香りと酸っぱさが身上。
自家製ガムシロップを加えて
酸味とのバランスをとります。

材料／1杯分
レモン果汁　1個分
ガムシロップ（作りやすい分量）
　グラニュー糖　100g
　水　100mℓ
炭酸水　150mℓ
レモンの輪切り　1枚

1　ガムシロップを作る。鍋にグラニュー糖と分量の水を入れて火にかけ、グラニュー糖が溶けたら火を止める。冷めたら冷蔵庫で冷やす。
2　グラスにレモン果汁、ガムシロップ大さじ1½を入れ、炭酸水を注いで混ぜ、レモンを添える。

レモネード

はちみつとグラニュー糖で
コクのある甘みをつけるのがポイント。
はちみつだけよりレモンの風味が生きます。

材料／1杯分
レモン果汁　大さじ2½
はちみつ　大さじ2
グラニュー糖　大さじ1
レモンの輪切り　1～2枚

1　耐熱グラスなどにレモン果汁を入れ、はちみつ、グラニュー糖を加えて熱湯150mℓを注ぐ。よく混ぜてレモンを添える。

81

アイスココア

ココアパウダーを熱湯で練って
ペースト状にし、牛乳でのばします。
甘さはガムシロップで調整。

材料／1〜2杯分
ココアパウダー　大さじ2
牛乳　200mℓ
ガムシロップ（p.102のレモンスカッシュ参照）　大さじ1〜2
ホイップクリーム（8分立て。p.7参照）　適量

1　ココアパウダーは耐熱容器などに入れ、熱湯大さじ2を少しずつ加えて泡立て器でダマのないように練り混ぜる。
2　1に牛乳を少しずつ加え、よく混ぜ合わせる。
3　氷を入れたグラスに2を注ぎ入れ、ガムシロップで甘みをつける。ホイップクリームをのせる。

82

アイスグリーンティー

抹茶の香り、苦みと甘みが、
暑い日のおやつにぴったり。
バニラアイスクリームや
抹茶アイスクリームをのせても。

材料／1〜2杯分
抹茶　大さじ2
氷　適量
ガムシロップ（p.102のレモンスカッシュ参照）　適量

1　抹茶は茶漉しで一度漉す。
2　1を耐熱容器などに入れ、熱湯200mℓを少しずつ加えて泡立て器でダマにならないように混ぜる。
3　グラスに氷をたっぷりと入れ、2を上から注ぐ。好みでガムシロップを加えて混ぜる。

白玉あんみつ

寒天、白玉団子、粒あんを組み合わせた、和のおやつの定番。
自分で作った寒天は口当たりがやさしく、
白玉団子もツルッとなめらかで、モチッ。
飽きのこないおいしさです。

材料／4人分
寒天
　棒寒天　1本
　水　600mℓ
　上白糖　30g
白玉団子
　白玉粉　1カップ
　水　120mℓ
シロップ
　さくらんぼ缶のシロップ＋水
　　合わせて1カップ
　グラニュー糖　100g
干しあんず　4個
粒あん（p.9参照）　大さじ4
赤えんどう豆（水煮缶詰）　適量
さくらんぼ（缶詰）　4個
黒みつ（市販）　適量

1 寒天を作る。棒寒天はたっぷりの水（分量外）につけてふやかし、水気を絞る。鍋に分量の水を入れて火にかけ、棒寒天をちぎって加え（写真 **a**）、混ぜながらしっかりと煮溶かす（写真 **b**）。上白糖を加えて混ぜ、溶けたら、漉しながら水でぬらしたバットに流し入れ（写真 **c**）、冷蔵庫で冷やしかためる。かたまったらバットからとり出し、1cm角に切る（写真 **d**）。
2 白玉団子を作る。ボウルに白玉粉を入れ、分量の水を少しずつ加えて耳たぶくらいのかたさに練り（写真 **e**）、小さく丸めて真ん中を押す（写真 **f**）。沸騰した湯に入れ、浮いてきてから10秒ほどゆで（写真 **g**）、水にとって冷まし、水気をきる。

3 シロップを作る。鍋にシロップの材料を入れて火にかけ、グラニュー糖が溶けたら火を止めて冷ます。冷蔵庫に入れて冷やす。
4 干しあんずは熱湯でさっとゆで、やわらかくする。
5 器に**1**と**2**を盛り、**3**のシロップをかけ、**4**、粒あん、赤えんどう豆、さくらんぼをのせる。好みで黒みつをかける。

84

あずきアイスキャンディー

小さめの紙コップで作るから、とっても手軽。
シンプルな材料なのに、おいしさ本格派です。

材料／7〜8個分
粒あん（p.9参照または市販）　400g
コンデンスミルク　200ml
生クリーム　200ml

1　ボウルに粒あん、コンデンスミルクを入れて混ぜ、生クリームを加えて混ぜ合わせる。
2　小さめの紙コップに流し入れ、アルミホイルでふたをし、アイスキャンディー棒を刺し（写真）、冷凍庫で冷やしかためる。
3　かたまったらアルミホイルをはずし、紙コップからとり出す。

85

おしるこ

手作りの粒あんで作ると、あずきの香りがしてあっさり味。甘さの調節もOKです。

材料／2人分
粒あん（p.9参照）　400g
上白糖　大さじ2くらい
切り餅　2切れ

1　鍋に粒あんと水200mlを入れて火にかけ、煮立ったら上白糖を入れて味を調える。
2　切り餅は焼き網などで焼く。
3　器に1と2を入れる。

クルミしるこ

ローストしたクルミをベースにした、滋味豊かなおしるこ。
白玉団子とよく合います。

材料／4〜5人分
クルミ　80g
上白糖　60g
はちみつ　大さじ1
水溶き葛粉
　葛粉　7g
　水　50mℓ
白玉団子（p.104参照）　20個

1　クルミはオーブントースターで8〜10分焼き、飾り用を少し残して薄皮をむく。
2　1をすり鉢に入れて細かくなるまですり、上白糖、はちみつを加え、水1カップを少しずつ加えて混ぜる（写真）。
3　2を鍋に移し、水1カップを加えて火にかけ、煮立ったら葛粉を分量の水で溶いて加えてとろみをつける。
4　3に白玉団子を加えてさっと煮る。
5　4を器に盛り、残しておいたクルミをのせる。

宇治金時かき氷

抹茶シロップと練乳、粒あんの組み合わせが最高！
白玉団子も加えてちょっぴり豪華に。

材料／1人分
抹茶シロップ（作りやすい分量）
　抹茶　大さじ1
　上白糖　100g
氷　200g
粒あん（p.9参照または市販）　適量
白玉団子（p.104参照）　3個
練乳　適量

1　抹茶シロップを作る。抹茶は茶漉しで一度漉し、耐熱容器などに入れ、熱湯100mlを少しずつ加えて泡立て器でダマにならないように混ぜ合わせる。上白糖を加えて溶かし、粗熱がとれたら冷蔵庫で冷やす。
2　器に抹茶シロップ大さじ2を入れ、氷をかき氷メーカーでかいて山盛りにする。粒あん、白玉団子を盛りつけ、抹茶シロップ適量と練乳をかける。

氷いちご

フルーティーないちごシロップ、フレッシュないちごピュレ、
練乳の組み合わせ。シンプルで飽きないおいしさです。

材料／1人分
いちごシロップ（p.99参照）　適量
氷　200g
フレッシュいちごピュレ（p.64参照）
　適量
練乳　適量

1　器にいちごシロップ大さじ2を入れ、氷をかき氷メーカーでかいて山盛りにする。
2　上からもいちごシロップ適量をかけ、フレッシュいちごピュレと練乳をかける。

水ようかん

こしあんと寒天液をよく混ぜ、
葛粉でとろみをつけてからかためると、なめらかな仕上がりに。
砂糖はグラニュー糖を使って、すっきりとした甘さにします。

材料／14×11×4.5cmの流し缶 1台分

棒寒天　¾本
グラニュー糖　120g
こしあん（市販）　400g
塩　少々
水溶き葛粉
　葛粉　5g
　水　50㎖

1　棒寒天はたっぷりの水（分量外）につけてふやかし、水気を絞る。鍋に水600㎖を入れて火にかけ、沸騰したら棒寒天をちぎって加え、完全に煮溶かす。グラニュー糖を加えて混ぜ、溶けたらいったん漉す。

2　1を再び鍋に入れて火にかけ、こしあんと塩を加えてよく混ぜる。葛粉を分量の水で溶いて加え、ひと煮立ちさせて火を止める。

3　2をボウルに移し、底を氷水に当ててとろみが出るまでかき混ぜる。

4　流し缶の内側をさっと水でぬらし、3を漉しながら流し入れる。常温でかたまってきたら、冷蔵庫で冷やしかためる（写真）。

5　流し缶からとり出し、好みの大きさに切り分ける。

牛乳かん

牛乳と寒天液を混ぜてかためた、素朴なおいしさが人気。
シロップをかけていただきます。

材料／14×11×4.5cmの流し缶 1台分

棒寒天　1本
牛乳　500mℓ
上白糖　80g
みかん（缶詰）　1缶
シロップ
　みかん缶詰のシロップ　100mℓ
　水　100mℓ
　レモン果汁　小さじ1
　上白糖　60g

1　棒寒天はたっぷりの水（分量外）につけてふやかし、水気を絞る。鍋に牛乳と水200mℓを入れて火にかけ、沸騰したら棒寒天をちぎって加え、完全に煮溶かす。上白糖を加えて混ぜ、溶けたらいったん漉す。

2　流し缶の内側をさっと水でぬらし、みかんの半量を並べ、1を少しだけ注ぎ、常温でかたまってきたら冷蔵庫で冷やしかためる。

3　2に残りのみかんの半量を並べ、残りの1の半量を注いで冷蔵庫で冷やしかためる（写真）。さらに残りのみかんを並べ、残りの1を注いで再び冷蔵庫で冷やしかためる。

4　シロップを作る。鍋にシロップの材料をすべて入れて火にかけ、上白糖が溶けたら火を止め、冷めたら冷蔵庫で冷やす。

5　3を流し缶からとり出し、好みの大きさに切り分けて器に盛り、シロップをかける。

90

大学いも

さつまいもは揚げる前に1〜2時間天日で干すと
ほどよく水分が抜けて、甘みが増してホクホクに。

材料／4〜5人分
さつまいも　1〜2本（600g）
揚げ油　適量
上白糖　50g
みりん　大さじ3
しょうゆ　大さじ2
塩　少々
黒炒りごま　大さじ2

1　さつまいもは皮をむいて乱切りにし、ザルに広げて天日で1〜2時間干す（写真）。
2　揚げ油を170℃に熱して**1**を入れ、全体にこんがりと色づくまで揚げる。
3　フライパンに上白糖、みりん、しょうゆ、塩を入れ、混ぜてから火にかけ、煮立ったら**2**を加えてからめる。キャラメル状に糸が引くまで煮つめ、ごまを加えてざっと混ぜる。
4　サラダ油（分量外）を薄くぬったバットに**3**を広げて冷ます。

ポテトチップス

揚げたてアツアツに塩をふって頬張るおいしさは、手作りならでは。
油は、新しいものを使うとサクッと軽く仕上がります。

材料／作りやすい分量
じゃがいも　3個
揚げ油　適量
塩　適量

1　じゃがいもは皮をむき、スライサーなどでごく薄く切る。水に20分ほどさらし、ザルに上げて水気をきり、ペーパータオルで水気をしっかりと拭く。
2　揚げ油を180℃に熱し、**1**を適量ずつ入れ、ときどき混ぜながら揚げる。最後に火を強めてカラリと仕上げる。
3　油をきって網などにのせ、熱いうちに塩をふる。

串団子

上新粉と白玉粉を使って作る、シコッとした歯ごたえのお団子。
小さめに丸めて串に刺し、甘辛しょうゆ味のみたらしあん、
あずきで作る粒あん、ふたつの味を楽しみます。

材料／4本分
上新粉　70g
白玉粉　30g
みたらしあん
　昆布　5cm
　水　200㎖
　上白糖　150g
　しょうゆ　大さじ2½
水溶き葛粉
　葛粉　20g
　水　70㎖
粒あん（p.9参照または市販）
　60g

1　ボウルに上新粉と白玉粉を入れ、水50〜60㎖を少しずつ加えて耳たぶくらいのかたさになるまで練る（写真**a**）。
2　蒸し器に水気をかたく絞ったさらしを敷き、**1**を3〜4等分にちぎってのせる（写真**b**）。蒸気の上がった強火の状態で15分ほど蒸す。
3　**2**をさらしごととり出し、さらしの上からよく練り（写真**c**）、水でぬらした手で直径2cmくらいの棒状にのばし、12等分にする（写真**d**）。1個ずつきれいに丸め、3個ずつ串に刺す（写真**e**）。
4　みたらしあんを作る。鍋に昆布と分量の水を入れて1時間ほどおいてから火にかけ、沸騰直前に昆布をとり出し、上白糖としょうゆを加えて混ぜる。葛粉を分量の水で溶いて加え、とろみを強めにつける（写真**f**）。
5　**3**の串団子2本にみたらしあんをかけ、残り2本には粒あんをのせる。

蒸しパン

さつまいもとレーズンを入れた、やさしい味わいが魅力。
材料を次々と混ぜていき、型に入れて蒸すだけだから簡単。
さつまいもの代わりにかぼちゃ、レーズンの代わりに甘納豆でも。

材料／直径5～6cmの紙ケース　4個分
さつまいも　1/4本くらい（60g）
薄力粉　100g
ベーキングパウダー　小さじ1
卵　1個
きび砂糖　60g
牛乳　50㎖
サラダ油　大さじ1
レーズン　40g

1 さつまいもは皮つきのまま1cm角に切り、ゆでて水気をきる。
2 薄力粉とベーキングパウダーは合わせてふるっておく。
3 ボウルに卵を割りほぐし、きび砂糖を加えて混ぜ、牛乳とサラダ油を加えて混ぜ合わせる。**2**を加えてよく混ぜ、**1**のさつまいも、レーズンを加えてさらに混ぜる。
4 紙ケースをプリン型などに入れ、**3**を7分目まで流し入れる。蒸し器に入れ、蒸気の上がった中火の状態で10～12分蒸す。型からとり出して紙ケースをはずす。

どら焼き

生地は、はちみつとみりんを入れてコクとしっとり感を出し、
重曹を入れてふっくらと焼き上げます。
粒あんと一緒にバターやホイップクリームをはさんでもおいしい。

材料／8個分
薄力粉　100 g
重層　2g
卵　2個
はちみつ　大さじ1
グラニュー糖　70 g
みりん　大さじ1
粒あん（p.9参照）　300 g

1　薄力粉と重層は合わせてふるっておく。
2　ボウルに卵、はちみつ、グラニュー糖を入れて混ぜ合わせ、**1**を加えてなめらかになるまで混ぜる。みりんを加えてさらに混ぜる。
3　フライパンを熱し、ぬれ布巾の上において一度冷ます。**1**の生地を玉じゃくしですくって直径7cmくらいに流し入れ（写真）、弱めの中火にかける。表面にプツプツと泡が立ってきたら裏返し、15〜20秒焼く。残りの生地も同様にして15枚焼く。
4　粒あんを8等分にし、2枚1組にした**3**ではさむ。

96 カステラ

材料は、卵、砂糖、水あめ、強力粉……とシンプル。
しっとりと焼き上げたカステラは、口に入れるとまろやかで
風味豊か。焼いてからひと晩おいた方がおいしくなります。

材料／20cm×20cmの角型1台分
強力粉　150 g
卵白　6個分
卵黄　8個分
ざらめ糖　70 g
上白糖　180 g
水あめ　大さじ3

1　型の底面と側面にバター（分量外）を薄くぬり、オーブンシートをぴったりと敷いておく。強力粉はふるっておく。

2　ボウルに卵白を入れ、ハンドミキサーで泡立て、ツヤのあるしっかりとしたメレンゲ状に泡立てる。泡立て器にとり替え、泡のキメを整える（写真a）。

3　2に卵黄を加えて泡立て、ざらめ糖、上白糖を加えてさらに泡立て、水あめを加えてなじむまでよく泡立てる（写真b）。

4　3に1の強力粉を一気に加え（写真c）、泡立て器をグルグル回しながらしっかりとムラのないように混ぜる。

5　4を1の型に流し入れ、トントンと数回下に落とす。ゴムベラで生地を切るように筋を入れ（写真d）、大きな泡が上がってきたらカードやスケッパーで消す（写真e）。この作業を3〜4回繰り返し、泡をとる。

6　5を天パンにのせ、180℃のオーブンに入れ、表面に霧吹きをして15分ほど焼く。表面に薄い焼き色がついたら、温度を150℃に下げて40〜45分焼く。

7　焼き上がったら、オーブンシートを広げて型ごとひっくり返し、型をかぶせたまま1日おいて冷ます（写真f）。

8　型とオーブンシートをとり、好きな大きさに切り分ける。

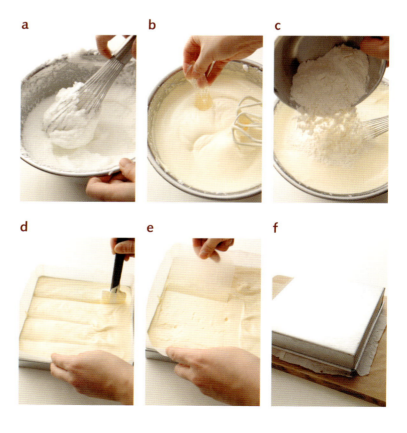

a　b　c
d　e　f

おはぎ

もち米を蒸して、すり鉢でつき、粒あんときな粉をまぶします。
秋のものはおはぎ、春のものはぼた餅と呼ばれます。
きな粉の代わりに黒すりごまを用いてごま衣を作り、
3色にしても。

材料／20個分
もち米　200 g
塩　ひとつまみ
粒あん (p.9参照)　450 g
きな粉衣
　きな粉　大さじ3
　上白糖　大さじ3
　塩　ひとつまみ

1　もち米はたっぷりの水に3時間ほど浸し、ザルに上げて水気をきる。広げた布巾の上にのせ、蒸し器に入れ、蒸気の上がった強火の状態で30〜40分蒸す。
2　**1**が蒸し上がったらすり鉢に移し、塩を加え、すりこ木で粘りが出るまでつく（写真**a**）。20等分にし、丸めておく（写真**b**）。
3　粒あんは30 gずつに丸めたものを10個、15 gずつに丸めたものを10個作る。
4　ラップに30 gに丸めた粒あんをのせて直径6〜7 cmに広げ、**2**をのせて粒あんで包むようにし（写真**c**）、ラップを絞って俵形に整える。
5　ボウルにきな粉、上白糖、塩を入れて混ぜ、きなこ衣を作る。
6　ラップに**2**をのせて直径6〜7 cmに広げ、15 gに丸めた粒あんをのせ、粒あんを包むようにし（写真**d**）、ラップを絞って俵形に整える。全体にきなこ衣をたっぷりとまぶす。
7　器に**4**と**6**のおはぎを盛り合わせる。

中華風ごま団子

ラードを入れた白玉生地であんを包んで揚げた、
中国の定番おやつ。
揚げ油に入れたらしばらくいじらず、浮いてきたら
箸で転がしながらじっくりと揚げます。

材料／8個分
白玉粉　100g
グラニュー糖　大さじ2
ラード　小さじ2
こしあん（市販）　120g
白炒りごま　適量
揚げ油　適量

1　ボウルに白玉粉、グラニュー糖、ラードを入れ、水100mlを少しずつ加えながら耳たぶ程度のかたさになるまで練る（写真**a**）。8等分にして丸める。

2　こしあんは8等分にして丸める。

3　ラップに**1**をのせて手のひらでつぶすようにしてのばし、中央に**2**をのせる。こしあんを包み込むようにし（写真**b**）、ラップを絞って丸い形に整える。

4　バットにごまを入れ、**3**を水（分量外）にさっとくぐらせてまぶす（写真**c**）。

5　揚げ油を160℃に熱し、**4**を入れ、はじめはいじらず、少ししたら転がしながら揚げ（写真**d**）、箸で持ち上げて軽く感じるようになったらとり出して油をきる。

a　　　b　　　c　　　d

杏仁豆腐

杏仁霜を使って風味豊かに。包丁で斜めに切り込みを入れ、シロップを注ぐと菱形に浮き上がります。

材料／作りやすい分量
棒寒天　⅔本
グラニュー糖　70 g
牛乳　200㎖
杏仁霜　20 g
エバミルク　100㎖
シロップ
　上白糖　80 g
　水　200㎖
みかん（缶詰）　適量
さくらんぼ（缶詰）　適量
キウイの薄切り　½個

99

1　棒寒天はたっぷりの水（分量外）につけてふやかし、水気を絞る。鍋に水400㎖を入れて火にかけ、沸騰したら棒寒天をちぎって加え、完全に煮溶かす。グラニュー糖と牛乳を加えて混ぜ、グラニュー糖が溶けたらいったん漉す。

2　ボウルに杏仁霜を入れ、**1**を少しずつ加えながら混ぜ、エバミルクを加えてさらに混ぜる。ボウルの底を氷水に当て、粗熱をとる。

3　バットの内側をさっと水でぬらして**2**を注ぎ入れ、冷蔵庫で冷やしかためる。

4　シロップを作る。鍋に上白糖と分量の水を入れて火にかけ、上白糖が溶けたら火を止め、冷めたら冷蔵庫で冷やす。

5　**3**がかたまったら、包丁の先で斜め格子状に切り目を入れて菱形に切り（写真**a**）、シロップを注ぐ（写真**b**）。

6　器に盛り、みかん、さくらんぼ、キウイを飾る。

a　　　　　b

マーラーカオ

マーラーカオは中国風蒸しカステラ。
ここで紹介するのは黒糖バージョン。クセになるおいしさです。

材料／直径15cmの丸型1台分
薄力粉　110g
ベーキングパウダー　小さじ1½
黒糖　120g
卵　3個
エバミルク　大さじ2
サラダ油　80㎖
黒炒りごま　少々

1　薄力粉とベーキングパウダーは合わせてふるっておく。
2　ボウルに黒糖をふるいながら入れ（写真）、1を加えて混ぜる。
3　2に卵を割り入れ、泡立て器でなめらかになるまで混ぜ、エバミルク、サラダ油を加えてさらに混ぜる。
4　オーブンペーパーを敷いた型に3を流し入れ、蒸し器に入れ、蒸気の上がった強火の状態で蒸しはじめる。3〜4分したらごまをふり、25〜30分蒸す。
5　中央に竹串を刺してみて生地がついてこなければ蒸し上がり。熱いうちに型からとり出し、冷ましてから切り分ける。

index

■フライパンで作るおやつ
- ホットケーキ　12
- パンケーキ　14
- クレープ　16
- そば粉のクレープ　17
- ミルクレープ　18
- 食パンのフレンチトースト　20
- どら焼き　117

■オーブンで作るおやつ
- カスタードプリン　22
- プリンアラモード　24
- パンプディング　25
- かぼちゃのプリン　26
- 焼きりんご　28
- スイートポテト　30
- アイスボックスクッキー2種　32
- 型抜きクッキー　34
- ショートブレッド　35
- スコーン　44
- ブルーベリーマフィン　45
- りんごのクランブル　46
- チェリーのクラフティ　48
- バナナケーキ　49
- バナナオムレツ　50
- ロールケーキ　52
- パウンドケーキ　54
- ベイクドチーズケーキ　78
- ピッツァパン　92
- カステラ　118

■揚げて作るおやつ
- アメリカンリングドーナツ　36
- あんドーナツ　38
- 黒糖ドーナツ　40
- かぼちゃドーナツ　41
- ふわふわディップドーナツ　42
- アメリカンドッグ　91
- カレーパン　94
- ピロシキ　96
- 大学いも　112
- ポテトチップス　113
- 中華風ごま団子　122

■煮て作るおやつ
- りんごのコンポート　56
- 洋なしのコンポート　57
- みかんのコンポート　58

■蒸して作るおやつ
- 蒸しパン　116
- おはぎ　120
- マーラーカオ　125

■冷蔵庫で作るおやつ
- フルーツポンチ　59
- バニラアイスクリーム　60
- キャラメルアイスクリーム　61
- レモンシャーベット　62
- フローズンヨーグルト　63
- いちごパフェ　64
- チョコバナナサンデー　65
- フルーツゼリー　66
- コーヒーゼリー　68
- ワインゼリー　69
- バニラのババロア　70
- いちごのババロア　72
- チョコレートムース　74
- ティラミス　76
- 白玉あんみつ　104
- あずきアイスキャンディー　106
- 水ようかん　110
- 牛乳かん　111
- 杏仁豆腐　124

■フルーツを使ったおやつ
- パンケーキ　14
- クレープ　16
- プリンアラモード　24
- 焼きりんご　28
- ブルーベリーマフィン　45
- りんごのクランブル　46
- チェリーのクラフティ　48
- バナナケーキ　49
- バナナオムレツ　50
- りんごのコンポート　56
- 洋なしのコンポート　57
- みかんのコンポート　58
- フルーツポンチ　59
- レモンシャーベット　62
- いちごパフェ　64
- チョコバナナサンデー　65
- フルーツゼリー　66
- いちごのババロア　72
- フルーツサンド　80
- クリームソーダ　99
- ミックスジュース　100
- バナナシェイク　101
- いちごシェイク　101
- レモンスカッシュ　102
- レモネード　102
- 氷いちご　109
- 牛乳かん　111
- 杏仁豆腐　124

■野菜を使ったおやつ
　かぼちゃのプリン　26
　スイートポテト　30
　かぼちゃドーナツ　41
　ジンジャーエール　98
　大学いも　112
　ポテトチップス　113
　蒸しパン　116

■パンを使ったおやつ
　食パンのフレンチトースト　20
　ブリオッシュのサバラン　21
　パンプディング　25
　フルーツサンド　80
　カスタードサンド　82
　ピーナツバター＆
　　マーマレードサンド　82
　シナモンシュガートースト　83
　ハニーバタートースト　83
　ミックスサンド　84
　ピザトースト　86
　コンビーフトースト　87
　ホットサンド　88
　ハムカツドッグ　89
　ホットドッグ　90

■あんこを使ったおやつ
　あんドーナツ　38
　白玉あんみつ　104
　あずきアイスキャンディー　106
　おしるこ　106
　宇治金時かき氷　108
　水ようかん　110
　串団子　114
　どら焼き　117
　おはぎ　120
　中華風ごま団子　122

■甘くないおやつ
　ミックスサンド　84
　ピザトースト　86
　コンビーフトースト　87
　ホットサンド　88
　ハムカツドッグ　89
　ホットドッグ　90
　アメリカンドッグ　91
　ピッツァパン　92
　カレーパン　94
　ピロシキ　96

■ドリンク
　ジンジャーエール　98
　クリームソーダ　99
　ミルクセーキ　100
　ミックスジュース　100
　バナナシェイク　101
　いちごシェイク　101
　レモンスカッシュ　102
　レモネード　102
　アイスココア　103
　アイスグリーンティー　103

■和風のおやつ
　白玉あんみつ　104
　あずきアイスキャンディー　106
　おしるこ　106
　クルミしるこ　107
　宇治金時かき氷　108
　氷いちご　109
　水ようかん　110
　牛乳かん　111
　大学いも　112
　串団子　114
　蒸しパン　116
　どら焼き　117
　カステラ　118

　おはぎ　120

■中華風のおやつ
　中華風ごま団子　122
　杏仁豆腐　124
　マーラーカオ　125

坂田阿希子　SAKATA AKIKO

料理家。
フランス菓子店やフランス料理店での経験を重ね、独立。
現在、料理教室「studio SPOON」を主宰し、
国内外を問わず、常に新しいおいしさを模索。
プロの手法を取り入れた家庭料理の数々は、
どれも本格的な味わい。
著書に『煮込み料理をご飯にかけて』（文化出版局）、
『焼き菓子』（河出書房新社）、
『サンドイッチ教本』、『スープ教本』、『サラダ教本』、
『洋食教本』（すべて東京書籍）など多数。

studio SPOON　http://www.studio-spoon.com/

ブックデザイン	茂木隆行
撮影	広瀬貴子
スタイリング	久保百合子
構成・編集	松原京子
編集協力	後藤厚子
プリンティングディレクター	栗原哲朗（図書印刷）

器協力　UTUWA　tel. 03-6447-0070

おやつ教本（きょうほん）

2015年 5月 8日　第1刷発行

著　者　坂田阿希子（さかた あきこ）
発行者　川畑慈範
発行所　東京書籍株式会社
　　　　東京都北区堀船 2-17-1　〒114-8524
　　　　電話　03-5390-7531（営業）　03-5390-7508（編集）
印刷・製本　図書印刷株式会社

Copyright © 2015 by Akiko Sakata
All Rights Reserved.
Printed in Japan
ISBN978-4-487-80923-3 C2077
乱丁・落丁の際はお取り替えさせていただきます。
本書の内容を無断で転載することはかたくお断りいたします。